XINJIAPO ZHONGXUE
HUAWEN XINKECHENG YANJIU

黄淑琴◎著

新加坡中学华文新课程研究

基于中国基础教育语文课程改革

暨南大学出版社
JINAN UNIVERSITY PRESS

中国·广州

图书在版编目（CIP）数据

新加坡中学华文新课程研究：基于中国基础教育语文课程改革 /黄淑琴著. —广州：暨南大学出版社，2018. 3
ISBN 978 - 7 - 5668 - 2312 - 0

Ⅰ. ①新… Ⅱ. ①黄… Ⅲ. ①中文—课程—教学研究—新加坡
Ⅳ. ①G749. 339

中国版本图书馆 CIP 数据核字（2018）第 017162 号

新加坡中学华文新课程研究：基于中国基础教育语文课程改革
XINJIAPO ZHONGXUE HUAWEN XINKECHENG YANJIU：JIYU ZHONGGUO JICHU JIAOYU YUWEN KECHENG GAIGE
著　者：黄淑琴

出 版 人：徐义雄
责任编辑：古碧卡　姚晓莉
责任校对：苏　洁
责任印制：汤慧君　周一丹

出版发行：暨南大学出版社（510630）
电　　话：总编室（8620）85221601
　　　　　营销部（8620）85225284　85228291　85228292（邮购）
传　　真：（8620）85221583（办公室）　85223774（营销部）
网　　址：http://www.jnupress.com
排　　版：广州市天河星辰文化发展部照排中心
印　　刷：佛山市浩文彩色印刷有限公司
开　　本：787mm×1092mm　1/16
印　　张：8.5
字　　数：166 千
版　　次：2018 年 3 月第 1 版
印　　次：2018 年 3 月第 1 次
定　　价：30.00 元

自　序

新加坡“华文新课程”特指新加坡2004年课程改革开始建立的华文课程体系。本书主要研究新加坡《中学华文课程标准2011》，以及与之配套的新加坡中学华文教材。

作为一个拥有多元种族和多元文化的多语社会，新加坡的主要用语包括英语、华语、马来语、淡米尔语以及各种语言的方言等，堪称世界上最复杂的语言环境之一，也被社会语言学家视为“语言实验室”。因此，新加坡的华文教育制度、课程框架、教材与教学方法等，都必须关注学习者的差异，特别是把华文作为第二语言的学习者的独特性和差异性。

新加坡自1959年建国以来便实行双语教育政策，其是新加坡教育制度的基石。之后，英语逐渐取代母语，成为第一语文的科目，以及除了母语之外所有科目的共同语。华文教学自此也从第一语文转换成以第二语文为主。新加坡是一个以华人为主的国家（华人占全部人口的75%左右），汉语是新加坡重要的语言之一，为了保存“中华文化的价值观”，新加坡政府希望通过华文教育将华人优秀的传统文化介绍给华人子弟。然而，尽管政府推行双语政策，强调华文对保留和吸收传统文化的重要性，学校、华社团体也努力推广华语，但在当今的新加坡，华语成为弱势语言早已是不争的事实。

新加坡作为一个以华人为主的国家，除了强调多元文化，如何保留中华传统文化，如何深化华文教育的改革对其来说无疑也是一个重要的课题。新加坡从20世纪末以来，经历了四次全国性华文课程改革（1992年、1999年、2004年、2010年），在课程内容、教材教法和评估等方面都进行了幅度大小不一的修订和调整。

2004年，新加坡教育部成立“华文课程与教学法检讨委员会”，对全国华文课程进行全面总结和反思，并提出改革方向：华文课程应配合新加坡双语政策，注重母语教学，保留传统文化，同时还须加强课程的灵活性，提高学生运用语言的能力。为落实委员会的建议，新加坡教育部修订了小学华文课程标准，并于2007年开始实施小学华文新课程。为与小学华文课程相衔接，中学华文课程标准亦做出相应的修订。《中学华文课程标准2011》的修订参照“华文课程与教学法检讨委员会”的建议，同时兼顾21世纪的教育目标，适应新形势、新需要，提出的课程方向是：着重培养学生的思维、交际及运用科技进行学习等能力，以应对21世纪的挑战。华文新课程在课程设置、课程目标制定、教材建设和教学实施等方面都有创新，表现出鲜明的特色。

中国新一轮的语文课程改革从2001年启动至今，关注并注意借鉴世界各国母语教育的经验，尤其是欧美国家的母语教育经验，但对国际华文教育的关注却远远不够。同样，新加坡的华文教育也未能引起中国语文人的注意，普遍认为新加坡作为一个城市国家太小，没有办法成为中国的借鉴。而事实上，科学的经验不是以国家大小来衡量其价值的，如果新加坡的华文教育有其科学之处，则同样值得我们借鉴。华语是新加坡的官方语言之一，其中华文学校的华文课程已有较长的历史。新加坡的华文课程改革是在以英语为第一语言的环境下的华人母语教学课程改革，因此它对于我们审视中国语文教育未尝不是一个很好的学习样本。深入细致地研究新加坡华文教育的历史，尤其是2004年以来的华文课程改革，不难发现，无论是课程设置、课程实施，还是教材建设，新加坡的此次华文课程改革都具有创新意义，对世界各国母语教育，尤其是中国母语教育的课程建设、教材建设、单元教学模式以及个性化教育很有启迪意义。

建立“教学内容确定性较强的教材体系”、“以程序性知识体系指导学生语文实践”、实现语文教学的过程评价，是近年来中国语文教育界探讨的热点和重点问题；随着人教版初中语文教材2013年修订版的使用和2016年秋季“部编本”语文教材的发行和使用，对于一线教师而言，如何以能力培养为主线进行单元教学成为亟须解决的新问题。要突破中国基础教育语文课程改革的瓶颈，必须将国际母语教育的比较教育研究作为一个补充视角。

研究新加坡的华文教育改革探索或为中国基础教育语文课程改革提供启发和借鉴，然而，中国语文人对新加坡华文教育的研究总体来说不够重视，研究材料也不够丰富。综合来说，对新加坡华文教育的研究主要集中在以下两个方面：

第一，对新加坡华文教育改革状况的介绍。从我们目前掌握到的资料看，关于新加坡华文教育研究发表文章较多的当数华东师范大学课程与教学系的董蓓霏，其论文《新加坡华文课程改革》介绍了新加坡华文课程改革的框架；《聚焦2007年新加坡华文课程标准》介绍了新加坡华文课程标准规定的课程总目标、课程构架及对我们的启示；《新加坡中学语文教科书一瞥（上）》《新加坡中学语文教科书一瞥（下）》介绍的则是新加坡语文教材的结构和单元编写体例。董蓓霏的研究成果有助于我们了解新加坡华文教育改革的状况，但其研究更多的是侧重于对新加坡华文教育的介绍，而缺乏更深入的与中国语文教育的比较性研究。

第二，从海外华文教学的角度出发，对新加坡现行中小学华文课程标准及华文教材进行研究。山东大学胡维娜的论文《新加坡中小学华文课程标准及教材研究》选取新加坡公立学校统一使用的中小学华文教材，从课程目标、教材选材两方面探讨课程标准在教材中的体现情况：课程目标方面主要从课文板块设置和练习设计两方面进行落实；教材选材部分主要从课文主题、体裁和题材、课文时代性这几个角度出发，验证“主题灵活多样，贴近学生生活”的教材编写原则。文章最后对新加坡华文课程标准及中小学教材编写的特色与不足进行了分析总结。胡维娜的研究为了解新加坡华文教育现状、探索华人社区华文教学模式、促进课程标准及海外华文国别化教材编写相关理论和实践的发展做出了一些贡献，但未能给我们的语文教育提供借鉴。

总之，新加坡华文教育研究一直是中国语文比较教育研究中的一个薄弱环节。深入系统地研究新加坡华文教育和华文新课程，既能为中国基础教育语文课程改革中的语文教材建设、单元教学等提供建设性思路，又是对中国语文比较教育研究的丰富和补充。

我们研究的主要内容包括：

（1）梳理新加坡华文教育的发展历程。明确新加坡华文课程改革的背景和改革发展路向，使我们对新加坡华文教育语境有一个大概的了解。

（2）研究新加坡华文课程新标准。明确新加坡华文新课程的指导思想、华文教育的目标，把握新加坡华文课程的特点、教学理念、课程实施要领等。

（3）重点研究新加坡中学华文新教材。新加坡中学华文教育相当于中国的初中语文教育。新加坡中学华文五种课程相对应的教材既有联系又有区别。就学习内容和要求来说，中学华文快捷和高级两种课程的学习与中国初中语文学习比较接近，其中又以中学华文高级课程的学习与中国初中语文学习最为接近。所以，我们先后选用新加坡中学华文快捷和高级两种不同课程的教材进行比较研究。研究中学华文新教材的构成要素、单元编制，以及单元内各构成要素的编制特点，透视其中蕴含的华文教育理念，并通过与中国人教版初中语文教材和“部编本”初中语文教材的比较分析研究，归纳梳理它们在导学、预习、练习、评价等方面的异同，从而寻找语文教育的主要经验和基本规律，以探究改进和完善我们的语文教材的方法，提高我国语文教学效率。

新加坡华文教育，这个研究对象的范围还是比较大的。在研究新加坡华文教育的过程中，我们遇到不少困难，比如，我们不可能到新加坡中小学的课堂进行充分的华文教学现场观摩和取样，而少数的课堂教学观摩观察到的更多的是教师个体的课堂表现（风格特色），不能以此简单推断其是否具有典型性，因此我们的研究无法结合具体、实际的课堂教学课例来进行。为了提高研究的针对性和有效性，我们不得不缩小范围，最终将我们的研究重心放在新加坡中学华文新课程上，而且将研究聚焦在新加坡的新教材《中学华文（快捷）》和《中学华文（高级）》上。

“他山之石，可以攻玉。”对新加坡的华文课程进行比较研究属于比较教育的研究范畴。正如著名的比较教育研究专家顾明远所说：“比较教育是对当代世界不同因素或不同地区的教育进行比较分析，找出教育发展的一般规律和特殊规律，为本国或地区的教育改革做借鉴。”[①] 我们进行研究的目的，不仅是为了总结新加坡中学华文课程尤其是教材编写的基本规律、特点和主要经验，更主要的目的是以新加坡中学华文课程为借鉴，提高我们对语文课程的理解和把握，改进我们的语文教育[②]。尽管“中国与新加坡的国情不同，语言政策也有差异，但是在语言规划、语言教育等方面，是可以互相借鉴、互相学习的”[③]。中国的母语教育当然不能简单地学习，更不能照搬人家作为第二语言教学的课程体系，但新加坡中学华文新教材以策略性知识为体例，以单元教学模式建构循序渐进、完整连贯的语文教学内容和能力训练体系，同时兼顾人文教育和文化教育内容的体

① 顾明远．中国比较教育中的名与实．外国教育资料，1992（1）．
② 柳市镇，洪宗礼．中外母语教材比较研究论集．南京：江苏教育出版社，2001：6．
③ 李光耀．李光耀回忆录　我一生的挑战：新加坡双语之路．南京：译林出版社，2013：序3．

系的思路和做法，为我们建设“教学内容确定性较强的教材体系”，“以程序性知识体系指导学生语文实践”，开展有效单元教学等均提供了很好的参考和学习样本。

当然，“华文教育作为一门传承民族母语文化的应用型学科，生存于特定的社会语言文化环境，具有特定的教育目的、对象和性质，不能混同于中国国内的语文教育和对外汉语教学”[①]。作为第二语言的华文学习与母语学习不能等同，如何使新加坡中学华文课程研究的成果为中国语文课程改革服务，避免“水土不服”；如何以新加坡中学华文新教材为借鉴，为中国语文教学研究梳理出一整套语文（程序性）知识，并精选出必需的教学点，以引领与指导学生的语言实践活动，减少语言知识的系统性与文选体制的无序性的矛盾，改变由此而形成的语文教学内容的主观随意性状况，改变目前整个语文课程阅读内容的不确定、作文教学的无序可循、教学过程评价不落实等状况；如何更合理地使用好“部编本”语文教材等，都还有待于更深入细致的研究。

需要特别说明的是，我们对于新加坡中学华文新课程的研究始于2013年6月，在研究期间经历了人教版初中语文教材2013年的修订和2016年秋季“部编本”初中语文教材的出版发行，所以我们的研究对象和研究内容也随之发生改变。目前，“部编本”初中语文教材只出版发行到八年级上册，而且它的科学性、合理性、适用性等都还有待反复论证检验。所以，我们需要做的工作还有很多。

2017年10月23日

---

① 彭俊．华文教育研究．广州：暨南大学出版社，2009：10.

目　录

第一章　新加坡华文教育发展历程简述

引　言

新加坡历史上的原住民是马来人。1824 年，新加坡正式成为英国的殖民地，第二次世界大战期间曾被日本占领长达 3 年半。战争结束后新加坡摆脱了殖民统治，又与马来西亚经历了一段复杂的统分关系（新加坡于 1959 年成为自治邦，1963 年加入马来西亚，1965 年 8 月脱离马来西亚宣布独立），直至 1965 年才成为一个独立的国家。

新加坡自 1959 年建国以来便实行双语教育政策，这有效地协调了各种语文之间的关系，很好地照顾了各民族对自己的语言文字所怀有的特殊感情。双语教育是新加坡教育制度的基石。双语教育之后，英语逐渐取代母语，成为第一语文的科目，以及除了母语之外所有科目的共同语。华文教学自此也从第一语文转换成以第二语文为主。

新加坡建国历史从 1959 年算起。在 1959 年成为自治邦之前，新加坡的学校分成华文、英文、马来文、淡米尔文四种不同“源流”。所谓“源流”学校，就是指以何种语言为第一语文进行教学的学校，其中华文学校人数最多。可以说，正是殖民地统治者偏颇的语文教育政策所产生的问题催生了民选政府的双语教育政策。

在探讨新加坡建国以来的华文教育政策、华文教育现象、华文教育地位、华文课程、华文教学等问题之前，有必要先了解一下新加坡华文教育的发展历程。陈之权在他的论文集《小题大做——新加坡华文课程与教学论文集》第一章“新加坡华文教育与华文课程发展历程概览”① 中将华文教育与华文课程的发展分为五个历史时期。下面，我们借鉴陈之权对华文教育发展阶段的划分，对新加坡华文教育与华文课程的发展历程进行简要介绍。

---

① 陈之权．小题大做——新加坡华文课程与教学论文集．南京：南京大学出版社，2011：11.

一、殖民地时期的语文教育

在殖民地时期（1819—1959），英文是上层社会和官僚体制唯一的正式语言，民间则大都说各自的方言。由于华文不是商贸语言，更不是行政语言，因此殖民地政府不开办华文学校，以华语或华族方言为媒介语的学校，完全由华人社团自行设立，上课方式则仿效当时的中国教育制度。

殖民地政府在教育上明显偏向英文教育的政策激起了华族社群，尤其是华文教育者的不满情绪和民族情绪，他们担心这样的教育政策最终将消灭华族的语言文化。

进入20世纪，华文学校成为海外华侨爱国主义思想的摇篮和传播中华文化的基地，具有浓厚的政治色彩。

二、殖民地末期的语文教育

1955年是新加坡历史上一个重要的年头。这年5月，华侨中学、中正中学总校和中正中学分校三所华文学校因学生支持当时的工潮，被教育部采取强硬手段关闭，以示惩罚。[①] 华文学校学生反对殖民地政府的活动直接威胁到社会的稳定和种族的和谐，对殖民地政府极为不利，这让殖民地政府感到华校生的问题非常棘手。于是，立法议院各党派临危受命，成立立法议院各党派华文教育委员会，以提呈报告书的形式，对当时华校的情况作全盘彻底的调查检讨。该委员会于次年发表了《新加坡立法议院各党派华文教育委员会报告书》。

各党派华文教育委员会最初虽为解决当时华文教育的危机而成立，最终却将所研究的问题扩大，并形成了顾及整个教育问题的一般性政策。《新加坡立法议院各党派华文教育委员会报告书》提出了多项改进各源流教育的重要建议：肯定母语教育的地位，强调双语教育的重要性，主张以国家利益为重，平等对待各源流学校，并建议实施“非单一语文教育”（即在各小学推行双语教育并在中学推行三语教育）。这为即将建立的自治邦奠下了两种语文教育的政策基础，对新加坡日后双语教育的发展有着深远的影响。

---

① 李光耀．李光耀回忆录　我一生的挑战：新加坡双语之路．南京：译林出版社，2013：18.

三、建国初期的语文教育

《新加坡立法议院各党派华文教育委员会报告书》出来后，当时的学校并没有认真执行报告书的建议，直到1959年新加坡成为自治邦，人民行动党上台，自治政府正式运作，规定小学生和中学生必须修读第二语文，即华文、马来文和淡米尔文，学校才认真起来。① 1959年8月自治政府宣布从1960年开始实行混合学校制度，让不同语文源流的学生同读一校，以促进种族之间的交往与了解。

语文问题就是政治问题。独立之初，新加坡面对的是200万人如何谋生存活的生死攸关问题。单靠母语，无论是华语、马来语或淡米尔语，都是不行的。作为一个依靠国际贸易的国家，新加坡只有加强英语学习，加强与国际尤其是国际先进国家的交流，才能求得发展机会。同时，这个周围都是马来人的多种族新兴国家，绝不能选择华语作为共同语，否则国家一定会乱，在国际上也无法生存。因此，为了生存，也为了各种族的和睦相处，新加坡选择了英语作为工作语和共同语。

同时，在这个多元种族和文化的国家，如果只学英文也不对，因为这将使人民脱离自己的文化根源。如果人民不了解自己的历史文化，因为学英语而斩断了源头，以致没有定向，不知何去何从，则又是一出悲剧。

1965年8月，新加坡成为独立自主的国家，为了建立一个多元种族、多元宗教、多元语言平等的国家，新加坡制定了双语政策，实行了多项重视第二语文学习的措施：1965年，政府规定第二语文为小学离校考试的必考科目；1966年，规定中一新生必修第二语文；1969年，第二语文成为新加坡——剑桥普通水准考试的必考科目。新加坡政府的双语政策包括：一、以英文为谋生工具，二、通过母语以保留传统文化价值观。全体学习英文，为的是能公平竞争；以母语教育的传统价值观和文化语言作为根基，为的是培养人民的斗志和骨气，为国家社会带来稳定和繁荣，这就是新加坡双语教育的理念。推动英语和母语的双语教育，是使新加坡向前进的最佳策略。②

在这一阶段，不同语文源流的学校依然存在，政府还未提出统一语文源流的政策，家长仍可以按照个人的意愿将孩子送入母语源流学校或英文源流学校就读。但是，由于英文是商业语文，掌握好英文能够更便利地晋升为中产阶级，因此，进入英文源流学校的适龄学童人数逐年增加，进入母语源流学校的适龄学童人数逐年减少。这种趋势，对新加坡日后语文教育政策的改变有着直

① 李光耀．李光耀回忆录　我一生的挑战：新加坡双语之路．南京：译林出版社，2013：21.
② 李光耀．李光耀回忆录　我一生的挑战：新加坡双语之路．南京：译林出版社，2013：37.

接影响。

四、独立后的语文教育

新加坡政府1965年就决定以英文为工作语言，但并没有立即在学校推行英文为第一语文的教育政策。直到1979年《吴庆瑞报告书》发表后，才确定了英文为主、母语为辅的双语教育比重，并且到1987年才统一语文源流，全国学校（除了特选学校）以英文为第一语文，母语为第二语文。

新加坡脱离马来西亚独立后，发展经济、吸引外资以解决失业问题是国家发展的首要任务。由于天然资源匮缺，发展人力资源成为教育的主要目标。经济发展的需要使受英文教育者较容易找到高薪工作，于是，家长纷纷把子女送入英语源流学校。报名进入英文学校的小学一年级学生比例从1959年的47.4%逐渐增加到1978年的88.8%。推行了将近20年的双语教育，成效却令政府非常失望，教育改革迫在眉睫。为了加强对母语的学习，政府做了种种努力并先后采取了一系列措施。

1.《吴庆瑞报告书》与新教育体制的建立

1978年，时任副总理的经济学家吴庆瑞博士受委托对新加坡教育政策和教育部运作系统进行全面检讨。1979年3月，由吴庆瑞领导的教育研究小组公布了《吴庆瑞报告书》，报告书对当时的教育制度提出了革命性的改革建议，对后来新加坡人力的培养和发展产生了极大影响。

《吴庆瑞报告书》定下了“英语为主、母语为辅”的双语教育发展基调，在承认个人之间的智力差异的基础上提出“教育分流”制度。《吴庆瑞报告书》发布的第二年，教育部采用了《吴庆瑞报告书》的建议，开始实施“新教育体制”，在制定和调整教育政策中，开始真正以学习者个体为本位进行思考，贯彻因材施教的理念。①

在新教育体制下，小学三年级之后参加分流考试，根据考试成绩，学生被分入普通双语课程、延长双语课程和延长单语课程三种不同的课程源流，开始下一个阶段的学习（各源流课程的主要差异如表1－1所示）。

---

① 刘振平．新加坡华文教学研究．南京：南京大学出版社，2014：8.

表 1－1　小四分流后的三类课程主要差异①

源流	学生类别	考试要求	学制	课程设置
普通双语课程（Normal Bilingual Course）	成绩最好的60%的学生	双语考试合格	3 年	英语、母语
延长双语课程（Extended Bilingual Course）	成绩较好的20%的学生	一门语言考试不合格或未能通过双语考试，但二年级通过学校组织的双语考试	5 年	英语、母语，但进度慢
延长单语课程（Monolingual Course）	成绩较差的20%的学生	双语考试不合格，且一、二年级双语考试不及格	8 年	英语、母语（只要求会讲）、职业训练课程

吴庆瑞领导的教育研究小组对中学教育体系也提出改进建议。教育部的资料显示，在同一批小学一年级学生当中，最终约有 14% 的学生顺利完成高中教育，只有最优秀的 5% 的学生最后能够进入大学。报告书因此建议根据“小学离校考试”的成绩，将中学生分入特别课程、快捷课程和普通课程三个不同的教育源流。各源流课程的主要差异如表 1－2 所示。

分流制的实施客观上进一步确定了英语作为主流语言的地位。1987 年，新加坡全国学校统一语文源流，所有中小学一律以英文作为第一语文并以英语为各科的教学媒介语，母语作为第二语文成为每个学生各个教育阶段的必修科目与必考科目，以确保学生不会失去文化的根。除了 9 间华文特选中学（即英语和母语华语都是第一语文）：圣公会中学、公教中学、华侨中学、中正中学（总校）、圣尼各拉女校、南洋女中、海星中学、德明政府中学、立化政府中学，和 4 间华文特选小学：南洋小学、圣尼各拉女校附小、公教中学附小、海星中学附小以外，华校全部消失，变成了英校，教学媒介语全部为英语，即“新加坡型学校”。这标志着英语为主、母语为辅的双语教育制度在新加坡的全面实施。

① 董蓓菲．新加坡华文课程改革．现代教学，2007（9）．

表 1－2　中学分流后的课程主要差异①

源流	学生类别	课程进度	语文水平	考试
特别课程（Special Course）	小六会考中成绩最佳的 8%	4 年完成中学教育	英文第一语文 华文第一语文	新加坡—剑桥普通教育证书
快捷课程（Express Course）	小六会考中成绩最佳的 31%	4 年完成中学教育	英文第一语文 华文第二语文	新加坡—剑桥普通教育证书
普通课程（Normal Course）	小六会考中成绩最佳的 41%	5 年完成中学教育	英文第一语文 华文第三语文	学生在第四学年参加“中学教育证书”考试（CSE）［后更名为新加坡普通教育证书“初级”水准考试（GCE“N”Level）］

分流制度直到 2006 年 9 月 28 日才在新加坡教育部长兼财政部第二部长尚达曼的宣布下于 2008 年正式取消。②

2.《王鼎昌报告书》与华文教育

《吴庆瑞报告书》公布后，教育部除了修订课程标准、改进教材和教学法外，还宣布了一系列限制措施，规定学生母语必须达到最低水平才能升上大学先修班和本地大学。教育部采取这一措施的目的在于使学生和家长更重视母语学习。

在《吴庆瑞报告书》颁布后的十年里，政府推行的分流制度过于偏重英语，引起了新加坡华人社会的不满，很多受华文教育的公民在 1991 年的大选中把票投给了反对党，人民行动党失去了四个议席，这促使政府再次对华文教育政策进行检讨。1992 年 3 月，政府公布了以时任副总理王鼎昌为首的华文教学检讨委员会报告书，即《王鼎昌报告书》。报告书中将“华文第二语文”改为“华文”，以消除华文被看成“次等”语文的观念；将程度较高的“华文第一语文”改为“高级华文”；提早在小四之前教导汉语拼音；放宽对修读高级华文的要求和限制，让小六会考中成绩最优秀的 12%～20% 的学生在中学研读高级华文，并鼓励这批学生在中三阶段选修“中华文学”。

《王鼎昌报告书》是首份针对新加坡华文教学做出检讨的文件。公布后，

① 陈之权. 小题大做——新加坡华文课程与教学论文集. 南京：南京大学出版社，2011：20.

② 胡乐乐. 新加坡将于 2008 年废除小学分流制以推进因材施教. 基础教育参考，2006（12）.

广受华文教育知识分子的欢迎，教育部也接受了其中的大部分建议并积极落实。在短短的几年内，开设高级华文的学校由原有的9所特选中学增加到30余所。

3.《李显龙副总理政策声明》与华文教学调整

一方面，中国在世界上的影响力的提升，使得华文的用途与日俱增；而另一方面，英语却迅速成为越来越多新加坡华人家庭的主要用语。根据教育部的统计，1988年约有20%的小一入学新生家庭主要用语为英语，1999年家庭主要用语为英语的小一新生已达43%。学生家庭主要用语的改变，无疑增加了学生学习华文的难度，一些讲英语的家庭的子女虽然花了很多时间学习华文，但考试依然无法过关。[①] 这让一些家长和学生感到沮丧，对学习华文产生了抗拒心理。教育部成立了以李显龙副总理为领导的检讨委员会，全面检讨学校的华文教学。1999年1月，李显龙在国会发表了政策性声明——《李显龙副总理政策声明》。

《李显龙副总理政策声明》确定的华文教学目标是“训练学生听说读写方面的语言技能，并通过华文教学，灌输华族文化和传统价值观”。《李显龙副总理政策声明》对华文教学调整提出了多项政策性建议，总的精神就是强调“因材施教、各尽所能”。建议：增设特选中学、扩大特选课程，让有能力学习华文的学生有更多机会修读高级华文，培养双语双文化精英；重新编写华文教材，保留现有文化成分，把语言难度定在大多数学生实际可以接受的水平，教学重点放在听说读写能力的培养上；在中学和初级学院增设华文B课程，帮助学习华文有困难的学生，让他们的学习过程更加简化，使他们保留对华文和华族文化的兴趣，并获得基本的华文交际技能。

《李显龙副总理政策声明》发布后，新加坡教育部开始着手编订新的华文课程标准。新的中小学《华文课程标准》于2002年发布。与此同时，教育部着手编写新华语教材。

五、21世纪初的语文教育

进入21世纪初期，国际政治经济局势发生了巨大变化。就华文而言，中国的崛起使华文越来越有可能成为另一种重要的国际语言，新加坡的双语教育也注意到了这一国际发展趋势。同时，独立之后出生的国民，家庭用语朝

---

① 陈之权．小题大做——新加坡华文课程与教学论文集．南京：南京大学出版社，2011：23.

“脱华入英”方向发展，华语对于许多华族家庭的孩子而言未必是他们的母语，反映在华文课程上，就是教材与学生生活的脱节。

1.《华文课程与教学法检讨委员会国会白皮书》与小学单元教学模式

为了顺应华裔家庭语言背景日益复杂的趋势，培养经济发展所需的华文人才，新加坡教育部于2004年初成立了以前教育部提学司黄庆新为首的华文课程与教学法检讨委员会，并于同年11月15日公布了《华文课程与教学法检讨委员会国会白皮书》，即《黄庆新报告书》。白皮书沿袭了1999年定下的基调，进一步贯彻“因材施教”的精神，为不同家庭、不同学习能力、不同兴趣的学生提供更具多元化、更加灵活的课程，并采用不同的教学法。这使得华文课程更趋向多元与“分化”发展，在课程的选择上给予学生和家长更大的灵活性和自主权。①

《华文课程与教学法检讨委员会国会白皮书》的主要内容为：建议在小学阶段实行单元课程制，将小学华文课程分成“核心单元”“导入单元”“强化单元”以及“深广单元”。在小学阶段，每个学生都必须修读“核心单元”。入学前很少接触华文的小一、小二学生在修读“核心单元”前，先修读“导入单元”；在小三、小四阶段，那些特别需要帮助的学生，在修读“核心单元”前，先修读“强化单元”；程度高的学生还可以学习“深广单元”，进一步提升华文水平。这种单元教学模式赋予华文课程以弹性，将“因材施教”的理念更细致地延伸到小学阶段，并以内容改革为主导，探索新的教学法。

《华文课程与教学法检讨委员会国会白皮书》还建议：华文课程应注重华文的实用功能，重视学生的口语训练；编写既实用又能激发学生学习兴趣的教材，减少课文篇章数量，以便创造更多时间和空间训练口语表达与增加互动性活动；以资讯科技强化华文教学，利用互动性多媒体资源调动学生学习的积极性；改进考试方式，注重综合语言能力的考查，提倡校本评价；加强华文教师的在职培训，尤其注重新教师的入职培训，使教师接受系统培训，以便有效地推行修订后的课程和考试方式。

白皮书发表之后，新加坡教育部便着手编写新的华文课程标准与教材。《小学华文课程标准》于2007年公布，新的小学华文教材也在当年推出，教材编写工作于2010年完成；《中学华文课程标准2011》随之在2010年公布，并在同年开始编写教材，已于2014年完成。由此，《华文课程与教学法检讨委员会国会白皮书》提倡的“以学生为中心”和“因材施教”的基本理念具体贯彻到了教学内容的编制、课程设置和教育体制上。

---

① 刘振平．新加坡华文教学研究．南京：南京大学出版社，2014：14.

2.《乐学善用——2010 年母语检讨委员会报告书》与华文教学法改革

一方面，新加坡人的家庭语言环境不断发生改变，以英语作为主要家庭用语的家庭的比例仍在不断上升；另一方面，随着全球化的发展以及中国和印度的崛起，越来越多的人愿意学习第二语言。同时，资讯科技的发展也为语言教学的内容、教学方式、教学评价等提供了更大的改革发展空间。2010 年新加坡教育部成立了由教育总司长何品领导的母语检讨委员会，在一年多的母语课程检讨的基础上，于 2011 年出台了《乐学善用——2010 年母语检讨委员会报告书》即《何品报告书》。

《乐学善用——2010 年母语检讨委员会报告书》强调：要运用日新月异的科技，以最新的电脑输入法以及语音识别系统来帮助学生学习华文，使学生能够活学活用；教师要增强资讯科技的使用，注意运用适当的图像、实物、互动性资源或英文等显性教学手段来帮助学生学习词汇和句式等。

《乐学善用——2010 年母语检讨委员会报告书》还建议调整评价方式，侧重测试学生的华文运用能力，促使学生乐学善用；考试形式要贴近现实生活，扩大电子字典及资讯通信技术的使用，以录像进行口试，中学和初院华文（B）课程部分试卷允许用电脑文字输入。关注学生在母语学习上的起点差异，制定具有针对性的教学策略和评价方式，力求使学生在学习母语方面达到力所能及的水平。小学，母语基础较弱的学生，先学习听说技能，再学习读写技能；母语基础较强的学生，先从阅读导入，再进行口语与写作活动。中学，仍保留母语（B）课程，进一步采用更为生动有效的教学方法，包括使用资讯科技，进行角色扮演、小组讨论，采用更多生活语料来培养学生的语言交际能力，尤其是加强口头互动能力等。①

《乐学善用——2010 年母语检讨委员会报告书》沿袭了 2004 年教改的基本精神，重点推动教学法和评估方式的改革，进一步将“以学生为中心”和“因材施教”的基本理念具体贯彻到教学法和教学评估上。

除上述外，2009 年 2 月新加坡设立了“新加坡华文教研中心”。“新加坡华文教研中心”致力于培养华文教师，成为华文教学变革的推进者，成为华文教学的知识中心，为创新教学理念提供实验平台。“新加坡华文教研中心”要以新加坡 40 年华文第二语文的教学经验，每年 40 万名学生学习华文第二语文的优势，把新加坡打造为“世界上最庞大的华文第二语文的教学试验场”，成为世界教导华文第二语文的中心。他们的目标是，每年培训在职华文教师 1 000名，五年培训全国 5 000 名华文教师，全面提升他们的教学素养、教学法

---

① 刘振平．新加坡华文教学研究．南京：南京大学出版社，2014：18．

和专业水平。到2014年，新加坡有4 750名华文教师，其中拥有大学或以上学历者占83%。[①]

结　语

随着国家政治经济的发展、社会和家庭语言环境的变化，以及教育实践的变化，新加坡政府一直不断调整英文和各族群本身的母语（对华族而言就是华文）的教学，以确保人们一方面能够掌握行政语言英文，另一方面也能掌握自己的母语。1956年发表的《新加坡立法议院各党派华文教育委员会报告书》建议实施“非单一语文教育”，更多的是出于国家生存、经济发展、政治现实的考量；1979年公布的《吴庆瑞报告书》开始以学生为主体，照顾学生不同的学习能力，从因材施教的教育理念出发实施分流教育制度；1999年发表的《李显龙副总理政策声明》则兼顾学生的家庭语言学习环境、语言能力、学习兴趣和智力水平等多方面因素，深入贯彻因材施教理念；21世纪初的《华文课程与教学法检讨委员会国会白皮书》和《乐学善用——2010年母语检讨委员会报告书》进一步将因材施教理念贯彻到课程设置、教学内容编选、教学法、评估方式等多个方面。由此，我们可以看到，针对怎样学好第二语文（母语）的问题，新加坡在不断地探索、改革，调整政策，每次教育政策的调整都尽可能减少政治、经济对教育的干扰，使语文教育真正回归教育的本质规律，为教育而教育。

此外，新加坡华文课程与教学面临的一项重要挑战是，在以英语为主要家庭用语的学生数目迅速增加的情况下，如何设置灵活的课程与教学策略，使不同语言背景的学生对华文产生兴趣并学好、用好它。因此，新加坡的华文教育制度、课程框架、教材与教学方法等，都特别关注学习者的差异，尤其关注华文作为第二语言的学习者的独特性和差异性。

---

① 龙敏君. 新加坡的语文教育政策. 中华读书报，2014－04－02.

第二章 《中学华文课程标准2011》解读

引 言

新加坡华文课程标准作为华文教学的指导性、纲领性文件，它规定了华文课程理念、课程目标、课程设计思路、各个课程的学习重点，提出了教材编写、教学、评价，以及课程资源的开发、使用等方面的实施原则、方法和策略。这些内容应作为编写教材，开展教学、评价，以及开发课程和教学资源的依据。

新加坡教育部对于华文教育向来十分重视，定期成立华文教育检讨委员会，修订华文课程标准。新加坡现行的中学华文课程标准有《中学华文课程标准2011》《中学华文文学课程标准2013》和《中学华文（特殊课程）课程标准2015》。

新加坡的中学相当于中国的初中。由于《中学华文课程标准2011》（以下简称“华文新课标”）的普适性和典型性，本章将对它进行重点解读，并与2002年《中学华文课程标准》（以下简称“华文旧课标”）进行对比。

与2002年《中学华文课程标准》相比较，新加坡教育部2010年颁布的《中学华文课程标准2011》进行了5个方面的修正和完善，即调整课程总体目标、构建语言能力分级体系、注重交际和自学能力、更新课堂教学策略以及转变传统评价方式等。通过比较新旧两套华文课程标准，我们可以窥见新加坡中学华文教学的发展趋势和改革动态，对于中国的普通中学语文课程改革亦有一定的启发作用。

一、关于课程总目标

1999年新加坡教育部华文检讨委员会发布了《李显龙副总理政策声明》，其中肯定了双语政策和母语教学的重要性，并为华文教学定下了两大目标：一、通过听、说、读、写等语文技能的教学，培养学生的语文能力；二、通过华文教学，传授华族文化与灌输传统价值观。这个建议被“华旧新课标”基本采纳：“中学华文教学的总目标有两个：一个是工具性的，一个是思想性与文化性的。其中，工具性目标包括语言在交际、认知和思维三方面的功能；思想性与文化性目标主要针对文化与价值观的教导。”①

世纪之交，随着社会的急剧发展和语言环境的不断改变，新加坡的华文教学也面临着许多新问题、新挑战，亟待做出相应的调整。因此，教育部于2004年2月成立了华文课程与教学法检讨委员会，对华文课程进行了全面的检讨。综合2004年《华文课程与教学法检讨委员会国会白皮书》的意见，于2010年5月正式颁布了《中学华文课程标准2011》。这份新课标既是对2002年旧课标的修订和完善，同时也进一步明确了新加坡中学华文的教学理念和未来的努力方向。

委员会认为，华文课程仍应配合新加坡的双语政策，注重母语教学，保留传统文化，同时应加强课程的灵活性，提高学生运用语言的能力。据此，《中学华文课程标准2011》提出的中学华文课程总目标是“进一步提高学生学习华文的兴趣，养成良好的学习态度和习惯，通过潜移默化培养学生的情意品德，认识和传承优秀的华族文化。通过加强听说读写和语言综合运用的能力，提高学生理解和运用华文的水平。同时，结合语言学习，运用资讯科技等相关技能，强化学生在交际、认知和思维等方面的能力”。由此明确了中学华文教育目标的三个方面：加强语言交际能力、提高人文素养、提高通用能力。②

《中学华文课程标准2011》中关于中学华文教学总目标的具体内容如下：③

一、加强语言交际能力

中学华文课程包括华文（基础）、华文（B）、华文（普通学术）、华文（快捷）与华文（高级）五个课程。各课程需要达到的语言交际能力目标各有不同。

华文（基础）

加强学生的口语交际能力，培养基本的读写能力，最终达到以下目标：

* 能听懂适合程度的记叙性、说明性和实用性语料；
* 能初步针对一般话题表达看法与感受，并与人进行交流；
* 能阅读适合程度的记叙性和实用性语料，体会文章表达的思想感情；
* 能写简单的记叙文和实用文；
* 能认读1 500～1 600个常用字，能写其中的1 000～1 100个字。

---

① 新加坡教育部课程规划与发展司. 中学华文课程标准. 新加坡教育部，2002：6.

② 新加坡教育部课程规划与发展司. 中学华文课程标准2011. 新加坡教育部，2010：13－16.

③ 新加坡教育部课程规划与发展司. 中学华文课程标准2011. 新加坡教育部，2010.

华文（B）

加强学生的口语交际能力，培养基本的读写能力，最终达到以下目标：

* 能听懂适合程度的记叙性、说明性和实用性语料；

* 能初步针对一般话题表达看法与感受，并与人进行交流；

* 能阅读适合程度的记叙性、说明性和实用性语料，并能初步进行简单的文学欣赏；

* 能写适合程度的记叙文和实用文；

* 能认读1 600～1 700个常用字，能写其中的1 100～1 200个字。

华文（普通学术）

加强学生听说读写的能力，着重读写能力的培养，最终达到以下目标：

* 能听懂适合程度的记叙性、说明性、议论性和实用性语料；

* 能针对一般话题表达看法与感受，并与人进行交流；

* 能阅读适合程度的记叙性、说明性、议论性和实用性语料，并能初步进行文学欣赏；

* 能写适合程度的记叙文、说明文、议论文和实用文；

* 能认读2 200～2 300个常用字，能写其中的1 800～1 900个字。

华文（快捷）

加强学生听说读写的能力，着重读写能力的培养，最终达到以下目标：

* 能听懂适合程度的记叙性、说明性、议论性和实用性语料；

* 能针对较复杂的话题表达看法与感受，并与人进行有效的交流；

* 能阅读适合程度的记叙性、说明性、议论性和实用性语料，并能进行文学欣赏；

* 能写适合程度的记叙文、说明文、议论文和实用文，并能初步进行简单的文学创作；

* 能认读2 400～2 500个常用字，能写其中的2 000～2 100个字。

华文（高级）

加强学生听说读写的能力，着重写作能力的培养，最终达到以下目标：

* 能听懂适合程度的记叙性、说明性、议论性和实用性语料；

* 能针对较复杂的话题与人进行有效的交流，能根据题目发表简短的演讲；

* 能阅读适合程度的记叙性、说明性、议论性和实用性语料，并能深入地进行文学欣赏；

* 能写适合程度的记叙文、说明文、议论文和实用文，并能进行简单的文学创作；

* 能认读和写2 700～2 800个常用字。

二、提高人文素养

＊培养正确的价值观与积极的人生态度；

＊认识并传承优秀的华族文化；

＊关爱家人，关心社会，热爱国家，关怀世界；

＊培养审美情趣，学习感受和理解不同文化。

三、提高通用能力

＊具备想象力、创造力和批判性思维能力，能分析问题和解决问题；

＊具备自主学习的能力，能主动进行探究性的学习；

＊能够有效地使用资讯科技进行学习，与他人交流；

＊具备社交技能与情绪管理能力，能处理人际关系，与他人协作。

课程总目标的示意图如下：

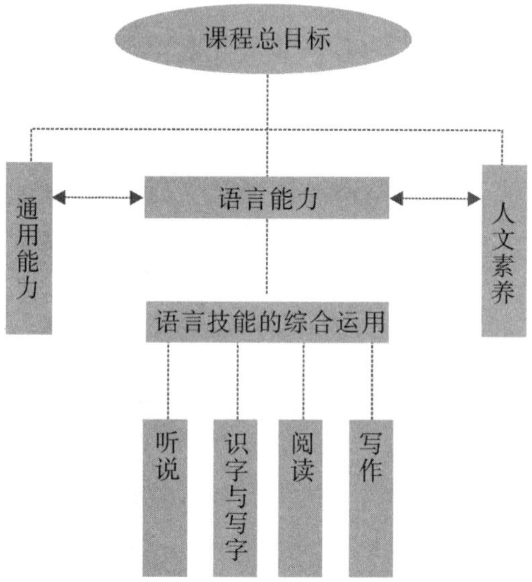

其中，为了照顾学生个体差异，“加强语言交际能力”对应为5个不同源流设置的课程“华文（基础）”“华文（B）”“华文（普通学术）”“华文（快捷）”“华文（高级）”，从而显出目标要求的差异。

与2002年《中学华文课程标准》确定的“中学华文教学的总目标有两个：一个是工具性的，一个是思想性与文化性的。其中，工具性目标包括语言在交际、认知和思维三方面的功能；思想性与文化性目标主要针对文化与价值观的教导”[①] 相比，虽然“华文新课标”在华文教育的主旨上并无大的改革，但还是作了适当调整：

第一，调整了华文教学目标的方向。在具体内涵的表述中，“华文新课标”摒弃了之前工具性和思想与文化性目标的归类方法，将其调整为“加强语言交际能力”“提高人文素养”以及“提高通用能力”三大方面。认真考察两份课程总目标的具体内容，会发现这种调整不仅仅是表述方式和归类方法的简单变化，更是课程总体定位与内涵间关系的重新调整。[②]

第二，确立了语言交际能力的核心地位。2010 年新加坡教育部母语检讨委员会的调查显示，学生利用华语进行交际的时间大幅缩减，而交际功能的弱化又会进而影响认知、思维等其他方面的能力，最终导致学生华文学习兴趣和语言水平的降低。有鉴于此，“华文新课标”不仅将语言交际能力从“工具性目标”中独立出来，而且还将其列于首位。实际上，只有让学生将课堂所学有效地运用于日常生活实践，学生的学习兴趣和语言能力才会有所提高，才能真正实现“乐学善用”的目标。

第三，局部要素有所增加。“华文新课标”中人文素养的内涵除了“华文旧课标”所拟内容之外，还添加了关爱家人、关爱社会以及培养审美情趣、学习感受和理解不同文化等内容；通用能力不仅包括“华文旧课标”工具性目标中提及的思维能力和利用资讯科技进行学习的能力，还特别强调自主学习的能力以及一定的社交技能与情绪管理能力。

第四，课程总目标内涵之间的关系发生了变化。“华文旧课标”中，工具性目标和思想与文化性目标的关系可以理解成“一主一副”的关系，前者是主要目标，后者是在前者的基础上提升而得到的目标；而在“华文新课标”中，语言交际能力、人文素养和通用能力三者之间的关系则可以概括为“一主两翼”的关系，即语言交际能力是核心目标，提高人文素养和通用能力是支撑目标，“一主”和“两翼”互促互进、协同并进。也就是说，语言交际能力的提高可以促进人文素养和通用能力的提升；同时，提升之后的人文素养和通用能力又可以帮助语言交际能力进一步提高。[③] “因为语言是文化的载体，所以华文教学应该分清轻重缓急，学生只有掌握好了语言技能，才谈得上对文化的掌握；华文教学中，语言教学是第一位的，文化教学是第二位的，是为语言教学服务的。”[④]

---

① 新加坡教育部课程规划与发展司．中学华文课程标准．新加坡教育部，2002：6.

② 王兵．新加坡《中学华文课程标准 2011》解读——兼与 2002 年课程标准比较．云南师范大学学报（对外汉语教学与研究版），2013（5）：70－74.

③ 王兵．新加坡《中学华文课程标准 2011》解读——兼与 2002 年课程标准比较．云南师范大学学报（对外汉语教学与研究版），2013（5）：70－74.

④ 彭俊．华文教育研究．广州：暨南大学出版社，2009：20.

二、关于课程特点

根据2004年发布的《华文课程与教学法检讨委员会国会白皮书》的建议，小学华文课程设定为“核心”“导入”“强化”和“深广”单元类型，并从小一开始采用单元教学模式。

与小学华文课程不同的是，中学华文课程重视学生的个别差异，2011年中一生采用分班模式，没有照搬小学的单元式教学法，而是为了照顾学生的个体差异，根据源流将华文课程分为五个层次，开设了五种课程，也就是根据学生个体差异将华文课程分为五个层次，为来自不同语言背景、具有不同语言能力的学生提供不同的课程。从上述的“总目标”中，已可看出华文（基础）、华文（B）、华文（普通学术）、华文（快捷）和华文（高级）这五个层次的课程之间，既有联系又有区别。

总体来说，中学华文课程的特点可以概括如下：

1. 照顾学生语言能力的差异性

为照顾学生语言能力的差异性，不仅“语言交际能力”目标在不同的课程中有不同的要求，而且各语言技能在不同的课程中比例的安排亦各有侧重。

表2－1　各语言技能在中学华文各课程中的安排比例①

单位：%

语言技能	华文（基础）	华文（B）	华文（普通学术）	华文（快捷）	华文（高级）
听说	65	50	40	35	25
阅读	25	30	30	35	30
写作	10	20	30	30	45
总计	100	100	100	100	100

从表2－1可见：华文（基础）及华文（B）课程的学习重点均在于培养学生的口语交际能力，在此基础上，华文（B）课程亦强调基本的读写能力的培养；华文（普通学术）及华文（快捷）课程强调对学生读写能力的培养，华文（高级）课程则重在加强学生写作能力的培养。

① 新加坡教育部课程规划与发展司．中学华文课程标准2011．新加坡教育部，2010：19－22.

2. 构建语言能力分级体系

华文（基础）、华文（B）、华文（普通学术）、华文（快捷）和华文（高级）各课程所拟定的语言能力的具体目标也有所差异。

小学华文课程的能力等级分为一至三级，中学华文课程与小学华文课程的语言能力体系相衔接，在小学华文课程的基础上延伸至七级，即根据不同课程的需要，按照听说读写的能力要求，将中学阶段的语言能力等级分为三至七级。这样一至七级形成一个完善的能力等级体系，不同课程必须达到各自的语言能力等级，每个等级都包含一定数量的目标与学习点，使华文课程本着难易有序、螺旋上升的原理构成一个完整的体系。下面的表 2－2 至表 2－5 是《中学华文课程标准 2011》中有关中学华文语言交际能力的分级分项目标。①

表 2－2 新加坡《中学华文课程标准 2011》聆听能力分级分项目标

等级	三级	四级	五级	六级	七级
年级课程	中一至中四华文（基础）、中一至中二华文（B）	中三至中四华文（B）、中一至中二华文（普通学术）、华文（快捷）、中一华文（高级）	中三至中四华文（普通学术）、中三华文（快捷）、中二华文（高级）	中五华文（普通学术）、中四华文（快捷）、中三华文（高级）	中四华文（高级）
聆听能力	能听懂简单的新闻报道和广告等	能听懂新闻报道和广告等	能听懂简单的新闻评论		
	能听懂简单的记叙性语料	能听懂记叙性语料和简单的说明性语料	能听懂记叙文、说明性语料和简单的议论性语料	能听懂记叙性、说明性和议论性语料	
	能初步听出话语的隐含信息	能听出话语的隐含信息			
		能在听的过程中初步了解语言使用的差异	能在听的过程中了解语言使用的差异		

① 新加坡教育部课程规划与发展司．中学华文课程标准 2011．新加坡教育部，2010：19－22.

表 2-3 新加坡《中学华文课程标准 2011》说话能力分级分项目标

等级	三级	四级	五级	六级	七级
年级课程	中一至中四华文（基础）、中一至中二华文（B）	中三至中四华文（B）、中一至中二华文（普通学术）、华文（快捷）、中一华文（高级）	中三至中四华文（普通学术）、中三华文（快捷）、中二华文（高级）	中五华文（普通学术）、中四华文（快捷）、中三华文（高级）	中四华文（高级）
口语表达能力	能抓住中心内容，有条理地描述意图				
	能说一段完整的话	能利用不同的材料说一段完整的话	能利用不同的材料以适当的方式说一段完整的话		
	在叙述时能初步表达看法和感受	能初步针对简单话题表达看法和感受	能针对简单话题表达看法和感受	能针对比较复杂的话题表达看法和感受	能发表简短的演讲
	能在与个人生活有关的场合与人交流	能在熟悉的场合与人交流	能在不同的场合与人交流	能在不同场合与人有效地交流	

表2-4 新加坡《中学华文课程标准2011》阅读能力分级分项目标

等级	三级	四级	五级	六级	七级
年级课程	中一至中四华文（基础）、中一至中二华文（B）	中三至中四华文（B）、中一至中二华文（普通学术）、华文（快捷）、中一华文（高级）	中三至中四华文（普通学术）、中三华文（快捷）、中二华文（高级）	中五华文（普通学术）、中四华文（快捷）、中三华文（高级）	中四华文（高级）
阅读能力	能掌握基本的认读方法				
	能在教师的引导下阅读简单的记叙性语料	能阅读记叙性语料和简单的说明性语料	能阅读记叙性、说明性语料和简单的议论性语料	能阅读记叙性、说明性和议论性语料	
	能在教师引导下初步阅读简单的实用性语料	能初步阅读简单的实用性语料	能阅读简单的实用性语料	能阅读比较复杂的实用性语料	能阅读复杂的实用性语料
	能对文章表达的思想情感有所体会，并在阅读中积累精彩的句段	能初步欣赏简单的文学性语料	能初步欣赏文学性语料	能欣赏文学性语料	能较深入地欣赏文学性语料

表2-5 新加坡《中学华文课程标准2011》写作能力分级分项目标

等级	三级	四级	五级	六级	七级
年级课程	中一至中四华文（基础）、中一至中二华文（B）	中三至中四华文（B）、中一至中二华文（普通学术）、华文（快捷）、中一华文（高级）	中三至中四华文（普通学术）、中三华文（快捷）、中二华文（高级）	中五华文（普通学术）、中四华文（快捷）、中三华文（高级）	中四华文（高级）

（续上表）

等级	三级	四级	五级	六级	七级
书面表达能力	能正确使用标点符号				
	能初步运用基本的写作技巧	能运用基本的写作技巧	能运用复杂的写作技巧	能综合运用写作技巧	
	能写简单的记叙文	能写记叙文和简单的说明文	能写记叙文、说明文和简单的议论文	能写记叙文、说明文和议论文，并初步进行简单的文学创作	能写记叙文、说明文和议论文，并进行简单的文学创作
	能写比较简单的实用文	能写简单的实用文	能写比较复杂的实用文	能写复杂的实用文	能综合使用各种表达方式，写复杂的实用文

课程标准中对分项目标的描述可概括为：说话能力从学生实际出发，循序渐进；阅读能力按照认读—理解—欣赏的顺序由浅入深；写作能力技巧与能力并重。

语言交际能力目标采用分项与分级相结合的方式描述，将语言交际能力目标的级差变化表述得十分明白。从教学实践的角度来看，这一方面便于教师清晰地观察到语言能力的级差变化，进而灵活地把握教学进度；另一方面也让学习者能更清楚地知道学习要求和目标，更有动力逐步提升自己的语言能力层级。语言交际能力分级分项目标更具教学的可操作性。

3．注重培养语言交际能力

“华文新课标”在课程总体目标、分级目标，以及教材编写理念上，都明确强调要注重学生语言交际能力的培养。

首先，如前所述，在课程总目标的框架中，语言交际能力取代了“华文旧课标”中笼统的工具性目标，处于核心地位。

其次，在“华文新课标”的分项分级目标中，语言交际能力在听、说、读、写四个范畴内均受到高度重视。

再次，在强化语言交际能力的同时，对于“华文旧课标”中某些与此相冲突的硬性规定进行了弱化和摒除。例如，“华文旧课标”中对于每个年级和课程的汉字及成语的认读数量都有明确的规定，甚至将中学成语表附在课程标准之后，而这些规定在“华文新课标”中则被悉数摒除。显然，这种做法既是对新加坡教学、测试中过分重视成语的一种矫正，也是希望通过降低词汇量和成语的认读数量来强化语言交际能力的一种变通策略。当然，大大减少汉字和成语的认读量，能否保证华文学习者达到政府所希望的言语交际能力，这需要认真考察。特别值得一提的是，虽然“华文新课标”中撤除了对成语学习的明确规定，但是，根据“华文新课标”编写的现行教材中出现的成语却不少。由此可见，新加坡华文教学依然很重视成语教学。

三、关于课程实施要领

新加坡小学华文课程注重培养学生的“听、说、读”能力。2011 年推出的中学新华文课程，旨在培养学生的基本语言技能，并鼓励他们在中学毕业后保持对华文和中华文化的兴趣。对于华文能力较高的学生，新课程期望协助他们达到更高水准，并对中华文化有更深层的体会。① 考查新加坡中学华文课程标准和依据课程标准编写的教材，不难发现华文课程实施的要领主要包括以下三个方面：

1. 以第二语言教学的课程来确定教学目标和安排教学顺序

严格来说，新加坡几乎没有完全以第一语言来学习华文的学生，因为学生只有五分之一的上课时间是用来学习华语的，其他课程都是以英语来进行教学。因此，华文是作为第二语言教学的课程来确定其教学目标和安排其教学顺序的。

华文作为第二语言教学的课程以沟通为首要目标并且强调实用性。实用性的沟通必须先以听说为起点，再进入读和写的书面沟通。因此，必须根据第二语言学习者的需要来制订教学目标和教学顺序。

听说技能是初期和首要目标，也是教学训练的重点。其中又以听力的培养为头等考量，因为只有学生在接受了大量的语料输入后，才有可能（对内）自我建立初步的语音印象和语感。

---

① 王珏琪. 新加坡将推出新华文课程 着重培养实际运用能力. 中国新闻网，2010－7－12.

其次，是口语的输出，利用“说”来验证“听”到的语音和语调，同时（对外）开始沟通和交流。

随着口语能力的逐步提高和口语词汇的积累，然后就是认读文字、词汇甚至短语（常用语块），增强字词之间的语义联系。随着认读量的增加，再进入比较完整的文句阅读和理解阶段。

最后才是汉字书写，以及意义比较完整的句子和段落的写作。

2. 根据不同课型编写教材，组织教学

“华文新课标”的教材编写建议明确了新教材的编写体例和具体模式，提出 5 种课程根据其语言能力的不同侧重点，以不同的课型来组织教学：适用于华文（基础）和华文（B）的听说课和读写课，着重引导学生通过聆听和说话等与实际生活相关的实践活动提高综合运用语言的能力；适用于华文（普通学术）、华文（快捷）和华文（高级）的讲读课、导读课和自读课，通过听说读写语言能力的学习、强化和应用，逐步提高学生综合运用语言的能力和自主学习的能力。即前两种课程的教材主要训练学生的口语交际能力，后三种课程的教材侧重于提高学生的读写能力和自学能力。

3. 注重促进学习的评价

评价的目的是提高教与学的效益。评价除了要重视学习成果，也要重视学习过程。与“华文旧课标”相比，“华文新课标”引进了“形成性评价”和“终结性评价”两个概念。

形成性评价是我们日常教学活动中经常使用的评价方式，目的在于测定学生对学习内容的了解程度，及时发现学生存在的问题。教师在教学中可采用观察、提问、反馈、学生自评、同侪互评和学习档案等方式对学生的学习进行评价。

终结性评价是在教师教学和学生学习之后，对教学效果所做的评价。通常在一个教学阶段结束时进行，主要包括学校期末考试和全国性会考。试卷的编制应以课程标准为依据，以教学内容为基础，全面测试学生的能力。

中学华文课程提倡在日常的评价中以形成性评价为主，采用各种“促进学习的评价”模式，让评价工作贯穿和渗透语文教学的各个部分，使每个学生均有机会学习及展示学习成果。这些平时积累的学习成果将为终结性评价作好铺垫。

四、关于教学策略

“华文旧课标”主张采用“综合教学法”，并专门设置一章（第五章　综合教学法指引）对综合教学法进行指引，指出“综合教学法就是一种讲究综合性、交际性，以及以学习为中心的教学法”“综合教学法本着语文是一种综合性活动的原则，对语文四技：听、说、读、写的学习与发展提出了全面同步的要求。由于是听、说、读、写四种技能的综合活动，因此在教学上就不一定非按先听说后读写的次序不可。哪一种技能先教，应该是由教学目标和语言情境所决定的。在教学时，教师必须配合教学目标与实际教学情况，尽量设置各种逼真的语言情境，让学生通过实际有效的交际互动，同步学习与综合运用各种语文技能”①。

“华文新课标”不再强调采用“综合教学法”，而是在“教学建议”中主张“教师应以课程目标为指导，围绕教材，根据教学对象，选择合适的教学模式与教学策略，逐步提高学生运用华文的能力，并使学生养成良好的学习习惯”。“华文新课标”还列出了五条纲要式的教学建议，特别强调：教师应有意识地针对不同学生的能力基础、学习特点，配合相关能力体系的要求，采取相应的教学法；关注学生的认知心理，使整个教学过程能够做到由浅至深、由易到难、由已知到未知，使学生更容易理解所教内容，更乐于学习。②

另外，“华文新课标”也非常重视教学与资讯科技的有机结合。一方面，教师应重视资讯科技在华文教学中的作用，适当引进资讯科技工具，以适合学生需求、能引起学生兴趣的教学资源，培养学生使用资讯科技进行自主学习的能力，为学生提供更多学习及使用华文的空间。例如，创设具体逼真的教学情境，引发学生的学习兴趣；提供丰富的教学资源，拓展学习内容；为能力不同的学生提供自主化、个别化的学习方式；利用网络平台，促进协作式和探究性的学习。另一方面，建议教师根据教学目标，选择适当的资讯科技工具进行教学，资讯科技的使用应占总课时的 10% ~15%。“华文新课标”还针对教师在使用资讯科技作为教学工具时存在的误区，特别提出教师在使用资讯科技作为教学工具时，应避免花费大量时间进行电子演示，也应避免将焦点集中在学习新软件和新工具的功能上，要确保所用技术能配合听说读写的学习目标与重点，让学生通过信息收集、归纳、综合和运用，掌握学习内容。例如，在口语表达能力训练方面，学生可使用录音、音频编辑等技能，借助口语能力训练平

---

① 新加坡教育部课程规划与发展司．中学华文课程标准．新加坡教育部，2002：34.

② 新加坡教育部课程规划与发展司．中学华文课程标准 2011．新加坡教育部，2010：30.

台进行朗读评测、话题讨论和情境对话，或利用在线工具制作校园广播节目；在阅读和书面表达能力训练方面，学生可使用搜索、寻找和整理资料等技能，利用互联网选取资料，进行阅读和写作。学生也可利用博客、电子邮件等，用华文与他人沟通；在综合能力方面，教师可利用 edumall 2.0 平台、口语能力训练平台等，让学生进行自主学习和互动式学习。虽然旧课标中也提及了资讯科技的运用，但是诸如此类的指导意见和具体建议则是新课标的首创。

需要补充说明的是，新加坡教育部除了通过 edumall 2.0 平台提供数码教材供师生使用之外，2012 年还推出了“乐学善用互动平台”（iMTL），为学生提供检验学习成效、展示学习成果的机会。

五、关于教材编写

2002 年的“华文旧课标”对中学华文教材的教学内容和选材原则有明确的表述。对于教学内容，要求“中学华文教材的内容，应以《标准》所列的主题与副题、传统文化内涵、核心技能与价值观，以及国家所定的理想的教育成果为依据，以确保华文教学同时兼顾语文技能及文化性和思想性的目标”。所谓“主题”是指“以人为本”“家庭为根”“社会为先”“胸怀祖国”“放眼世界”五大主题，涵盖了个人、家庭、社会、国家及世界五个层面；所谓“副题”是指五大主题及其所包含的核心价值观：传统文化内涵、核心技术与价值观、理想的教育成果。为了更好地兼顾华文教学的两大目标，“华文旧课标”还提出按“特定篇章”和“一般篇章”两个类别来编写教材，并规划了两类篇章在各课程中的比重建议供教材编写及课堂教学参考（见表 2－6）。“特定篇章”是指富于传统文化内涵，以传授传统文化为主目标的篇章；“一般篇章”是指富于生活气息，以教学生活语言为主目标的篇章。

表 2－6　“特定篇章”与“一般篇章”在各课程中的比重建议①

单位：%

主题	序号	基础华文		华文 B		高级华文	
		特定	一般	特定	一般	特定	一般
1	以人为本	10	10	10	5	10	5
2	家庭为根	10	10	10	5	10	5
3	社会为先	15	10	15	10	15	10

① 新加坡教育部课程规划与发展司．中学华文课程标准．新加坡教育部，2002：33．

（续上表）

主题	序号	基础华文		华文B		高级华文	
		特定	一般	特定	一般	特定	一般
4	胸怀祖国	10	15	10	15	15	10
5	放眼世界	5	5	10	10	10	10
	共计	50	50	55	45	60	40

从以上“华文旧课标”所要求或建议的内容来看，尽管“华文旧课标”制定的中学华文教学的总目标有两个（一个是工具性的，一个是思想性与文化性的），但显而易见，旧课标过于注重教材的思想性与文化性目标，强调教材的“文以载道”和“文化传承”功能。

“华文新课标”明确指出教材的编写应体现课程理念和课程目标，但与旧课标不同的是，“华文新课标”在强调教材的内容应传达正确的价值观的同时，亦明确教材还应注重华文的实用功能，教材的编写要既符合学生的身心发展，配合学生的兴趣爱好，又能联系学生的生活经验，照顾学生的不同需求；教材亦应结合资讯科技的使用，拓展学生的学习空间，让学生能够积极自主地学习。这总体上给了教材编写者更多自由选材的空间。

“华文新课标”的教材编写建议明确了教材的编写体例和具体模式，比如，学习重点的呈现可遵循“先例，后说，再练”的原则，即先通过例子与说明，让学生对学习重点有一定的认识，然后才进行相关的练习，把知识转化为能力。新课标尤为突出的特点是，建议五个课程根据语言能力的不同侧重点，以不同的课型组织编写教材。例如，华文（基础）与华文（B）以听说课与读写课组织编写教材，重在培养学生的口语交际能力，用听说带动读写，促进学生综合语言能力的提高；华文（普通学术）、华文（快捷）、华文（高级）以讲读课、导读课与自读课组织编写教材，重在培养学生的读写能力，用读写带动听说，通过对语言四技的学习和运用，提高学生综合运用语言的能力和自学能力。

结 语

在对《中学华文课程标准2011》的解读以及新旧两套课程标准的比较中，我们可以窥见新加坡中学华文教学的发展趋势和改革动态。

首先，“华文新课标”以“培养自主学习，拓展华文空间”为主导精神，以提升学生的语言交际能力、人文素养和通用能力为课程总目标，进一步明确了语言交际能力是人文素养和通用能力发展提高的基础，确定了语言交际能力在华文教学目标中的核心地位。

其次，“华文新课标”构建了语言能力的分级体系，注重实践交际和自主学习能力，进一步更新课堂教学策略，切实转变传统的评价方式，在实现学生乐学善用母语的愿景方面提出了多种要求和建议。

对新课标的解读以及新旧两套课程标准的比较，不仅让我们窥见新加坡中学华文教学的发展趋势和改革动态，也使我们从中领悟到新加坡中学华文教育改革对于中国普通中学语文课程改革的启示。

第三章　新加坡中学华文新教材概览

引　言

课程教材的内涵有广义和狭义之分。广义的课程教材泛指一切可以用于课程教和学的材料，除了课程的教科书，还包括教学指导书、课程辅导资料、课件、声像资料、教学挂图、表格、卡片等，当然还包括课程标准。狭义的课程教材专指课程教科书（课本）。

华文教材是华文教育内容的载体，是借以实现华文教学目标、发挥语文教育功能的物质基础。“教材在任何学科的发展和建设中都起着至关重要的标志性的作用，在第二教学语言和外语教学中尤其如此。”①

“新加坡华文作为第二语言教学的语境和课堂教学的特殊性，决定了其他将华文作为外语或对外汉语教学的教材均不适用新加坡华文教学。”② 2010 年 5 月新加坡教育部正式颁布了《中学华文课程标准 2011》，新的教材也随之在当年推出，2014 年完成全套教材。

本书所讨论的“新加坡中学华文新教材”，特指由新加坡教育部课程规划与发展司依据新加坡教育部颁布的《中学华文课程标准 2011》的指导意见编写的、由新加坡名创教育出版社出版发行的教材，我们简称之为“华文新教材”。该教材于 2012 年推广使用至今。

一、新加坡中学华文新教材的编写理念

根据《中学华文课程标准 2011》编写的华文新教材体现了“华文新课标”的课程理念和课程目标，呈现出新的面貌。比如：以往教师使用教材时，可能比较注重里面的内容、价值观、情绪管理等内容的落实，而分开解释文中的词汇；现行教材则注重“听、说、读、写”各个技能的训练，如引导学生根据

---

① 李泉．近 20 年对外汉语教材编写和研究的基本情况述评．语言文字应用，2002（3）．

② 陈志锐．新加坡华文及文学教学．杭州：浙江大学出版社，2011：31－42.

上下文推断词汇意义，教导学生实际运用语言的“捕鱼技能”①。华文新教材的编写采纳了新课标的教材编写建议，其中尤为突出的特点是，不同课程根据语言能力的不同侧重点，以不同的课型组织编写教材。选修不同课程的学生，在采用教材时学习起点和终点都不相同。如华文（基础）与华文（B）课程重在培养学生的口语交际能力，用听说带动读写，促进学生综合语言能力的提高，所以各单元以听说课、读写课、综合任务组织编写教材（其中“听说课”“读写课”“综合任务”各一课），主要训练学生的口语交际能力；而华文（普通学术）、华文（快捷）、华文（高级）课程则重在培养学生的读写能力和自学能力，以讲读课、导读课与自读课，再加“综合任务”组织单元。

1. 教材的编写充分考虑了学生不同的学习目的

与新加坡中学华文的五种课程相对应，中学华文新教材的编写也分华文（基础）、华文（B）、华文（普通学术）、华文（快捷）与华文（高级）五个系列，目的在于较好地满足不同学生的不同需求，比如《中学华文（基础）》是以适合普通（工艺）课程的学生采用而编写的。在尊重不同学生的成长背景的基础上，以寻得的共性为编写教材的客观依据，即以切实培养和提高学生语言表达与交流技能的程序性知识作为编写教材的客观依据，以能力训练为主线，通过听说读写活动，促进学生综合运用语言的能力，达到教学上的“因材施教”，学习上的“各尽所能、各取所需”，真正实现教育的民主与公平。此外，教材的编写充分考虑了学生不同的学习目的，如考试、升级、经济、文化、家长要求等，然后针对不同的学习目标适当地编写专用教材。

2. 遵循“先例，后说，再练”原则呈现学习重点

“先例，后说，再练”，即先通过例子与说明，让学生对学习重点有一定的认识，然后才进行相关的练习，把知识转化为能力，巩固华文基础。比如，《中学华文（基础）》一上的“听、说”技能训练包括“升、降、重、轻”语调，以及“快、慢、停顿”语速。课本为学生提供例子，教师再给学生分析语境，让学生聆听录音后了解在特定的语境下使用何种语调、语速，课文后也附上练习题，让学生根据不同语境练习。

对于语文知识和语言运用的学习，除了遵循“先例，后说，再练”的原则呈现学习重点外，还依照由易到难的顺序呈现学习内容，并循序渐进地安排相应的练习。以同为《中学华文（快捷）》和《中学华文（高级）》一下第一单元阅读的学习重点——比喻、比拟修辞知识的学习为例：先在“讲读课”

---

① 新加坡新华文课程和教材. 中新社，http：//www. cdnews. com. tw，2013－07－10.

课文学习之后的"研讨与练习"中以课文中的语句为例分别解说"比喻"与"比拟"修辞的概念，并在"练一练"中让学生对课文中的比喻句进行分析判断（运用了哪一种比喻，并指出它们的本体、喻词和喻体），从课文中找出两个比拟句进行抄写；再在"导读课"课文学习之后的"研讨与练习"中先以课文中的语句为例分别解说"比喻"与"比拟"修辞的运用效果，然后在"练一练"中让学生根据要求，造出明喻句和暗喻句、拟人句和拟物句；最后在"综合任务"中，将比喻句和比拟句混合在一起，让学生判断哪个是比喻句、哪个是比拟句，并以"时间"为本体，各造一个比喻句和一个比拟句。总之，结合课文呈现相关语文知识，先"举三反一"，让学生在对多个"例子"的比较、理解中归纳总结出语言运用的基本规律，再让学生循序渐进、举一反三地理解和运用。

3．"先扶后放"引导学生学习

从精读、导读到自读，"先扶后放"引导学生学习。以《中学华文（普通学术）》课本为例，每个单元都以"这个单元学什么?"明确列出"阅读、写作、听说"各项技能的学习任务。比如，二上单元一的"这个单元学什么?"包括：阅读——记叙文中的议论和抒情；写作——记叙的方法：顺叙法、在记叙中加入抒情；说话——针对别人的看法表达意见。"每个单元包括精读课、导读课、自读课和综合任务。'精读课'由教师带领学生逐段分析阅读课文；'导读课'课文旁印有'阅读指引'，每个段落配上问题，让学生边读边思考问题，或根据问题从段落找答案；而'自读课'由学生在课堂上自行阅读文章。"①"综合任务"旨在巩固学生在该单元所学的听说技能和读写技能，让学生综合运用听说课、读写课学过的语言技能，完成指定的任务。每个单元的4篇文章、学习重点都有连贯性，教师在教学上采取"先扶后放"方式，在培养学生读写能力的同时，培养学生的自学能力。

4．教材的编写注重与学生生活相联系

无论是教材选文还是语文技能训练的编排都注重与学生生活相联系。中学华文新教材的编写总目标是加强学生听、说、读、写的语文技能和思维能力，并提高他们学习华文的兴趣，进一步认识、吸收华族文化与传统价值观。为此，一方面，教材的编写既关注普遍性的文化，选用了绿色环保、科学探秘、人生智慧、家国情怀、学会包容与关怀等主题（内容）的课文，又注重注入国民教育和传统文化教育信息，比如以中华古代寓言故事、历史故事、古典诗

---

① 新加坡新华文课程和教材．中新社，http：//www．cdnews．com．tw，2013－07－10．

词等作为教材的选文；另一方面，教材的编写还非常注重选入反映本地文化与生活内容的篇章，向学生传达正确的价值观和公民意识，如《再见樟宜树》《沙斯使新加坡更坚强》《开关之间》等。教材内容与学生的生活环境和实践文化相结合，有利于华文学习植根生活，建构“大语文”环境，以达到理想的华文教学效果。尤其是“技能学堂”（即语文能力训练，相当于人教版的“研读与练习”），无论是在呈现方式上还是在内容的安排上都更注重与新加坡当地文化和学生日常生活的息息相关，以《中学华文（快捷）》二上单元二为例，这个单元的主题是“情系家园”，三篇课文依次是《再见樟宜树》《家在湖畔》《枣核》。《再见樟宜树》之后的“技能学堂（听说）”中的录音一和录音二分别是描述新加坡摩天轮和滨海艺术中心（俗称“榴梿壳”）的；而这个单元的“技能学堂”里面的“小任务”则是要求学生根据照片按照一定的顺序描述莱佛士雕像、新加坡植物园入口处的景物（要求抓住景物的形态、色彩、气味、声音等特点）。除了这种特定的主题单元外，与新加坡学生的需要和生活环境密切联系的听说和写作训练（话题），在教材中占有非常大的比例，可以说是随处可见。这样既有利于激发学生的学习兴趣，又加强了学生对新加坡地域文化特点的认识。类似的内容编写在各系列教材中均有体现，且占有一定的比例。

此外，新教材还有以下特点：注意紧密衔接小学课本，例如小学课本已教授利用“快、慢”语速阅读，而中学的新课本除复习“快、慢”外，还加上了“停顿”的技能培训；新课本提供了很多练习例子和资料，可减轻教师准备上课资料的负担；教材中有意识地融入资讯科技的元素，结合资讯科技的使用，有利于拓展学生的学习空间，让学生能够积极自主地学习，加强学习效果。

二、新加坡中学华文新教材的特点

新加坡中学华文新教材给我们的最突出的印象是强化程序性知识，指导学生语文实践。综观新加坡中学华文新教材，其真正做到了从运用语言的角度突出语文的实践性。

1. 以明确的学习重点组合教材内容

新加坡中学华文新教材的学习重点遵循“先例，后说，再练”的原则呈现。与中国现行中小学语文教材相比，新加坡华文新教材的编写，无论是单元的学习重点，还是课文后面的“研讨与练习”、听说训练和“综合任务”，都有十分明确具体的语文知识学习重点和语文能力训练重点。

“先例，后说，再练”三者一体，紧扣单元学习重点：“先例”是他人成熟的、规范的言语成品的展示；“后说”则紧扣单元学习重点，结合“先例”进行语文基础知识的阐释，且侧重于语文程序性知识的阐释；“再练”是将知识转化为能力的语文实践活动，包括听说与读写。由此形成了以语文程序性知识为编写体例，以能力训练为主线，渗透（兼顾）国民教育和传统文化教育的教材编写思路。

新加坡中学华文新教材与中国人教版初中语文教材一样，以人文主题组合单元，以单元编排组合教学内容。每个单元“先例”之前，先明确单元的学习重点（即学习目标或学习任务）。虽然《中学华文（基础）》《中学华文（B）》《中学华文（普通学术）》《中学华文（快捷）》和《中学华文（高级）》呈现单元学习重点的表示形式不尽相同：《中学华文（基础）》每单元三课，分别为“听说课”“读写课”“综合任务”，每课都直接提出目标；《中学华文（普通学术）》《中学华文（快捷）》以“这个单元学什么?”作为提示；《中学华文（高级）》则以“学习重点”作为提示，但都十分明确地从语文的“阅读”“写作”和“听说”三个方面提出单元学习重点。例如，《中学华文（普通学术）》二上第二单元，一个单元三篇课文，主题是“情系家园”：

> 这个单元学什么?
> 《再见樟宜树》（技能学堂　阅读）
> 景物的特点和描写的顺序
> 《家在湖畔》（技能学堂　写作）
> 抓住特点，按顺序描写景物
> 《枣核》（综合任务）
> 温故知新
> 牛刀小试
>
> （选自《中学华文（普通学术）》二上第 27 页）

需要说明的是，“温故知新”和“牛刀小试”，都是围绕“抓住景物特点和按照一定的顺序描述”进行的听说训练，且训练由易到难。

从上述三篇课文的学习重点安排，我们可以十分清楚地看出：三篇课文的学习重点既有明确分工又有密切的逻辑联系；课后的读写练习和综合练习，甚至包括听力练习，也都紧紧围绕上述三个重点来安排。这样，教师在使用教材时，也就能够清晰地把握一个单元、一篇课文的教学功能了。由此可见，新加坡中学华文新教材的基本教学内容是确定的。

2. 以单元学习重点突出语文能力培养

新加坡中学华文教育的核心目标是加强语言交际能力、提高人文素养、提高通用能力。《中学华文课程标准 2011》明确提出了“兼顾语言能力的培养与人文素养的提高”的课程理念：“中学华文课程应进一步培养学生的听说能力、阅读能力、写作能力和综合运用语言的能力，重视情意品德的培养以及对华族文化的认知与传承，提高学生的人文素养。”① 也就是说新加坡华文教育同样追求工具性与人文性的统一，但以工具性目标为显性的教学追求，同时渗透人文教育、文化教育。

中学华文新教材一套五种课程，尽管都无一例外地以人文主题组织单元，且除了《中学华文（基础）》外，均在呈现单元学习重点之前，还有一段意在引导学生从人文主题认识选文的“引言”，但每个单元又都有与上述《中学华文（普通学术）》二上第二单元“情系家园”一例相类似的为培养和提高学生语文能力而确定的具体明确的“学习重点”，以及与之相应的听说读写训练内容。此外，还有检测学生对单元学习重点掌握情况的检测表。下面我们以《中学华文（普通学术）》二上第一单元为例来完整地介绍中学华文新教材的单元构架和内容：

这个单元的主题是“心灵的对话”。在单元主题“心灵的对话”下面有一段引言，接着列出单元学习重点。

不论是谁，都希望得到别人的理解。人与人之间的理解会使我们的社会变得更和谐。一句简短的话，一个小小的举动，可能会产生巨大的力量，改变人与人之间的关系。本单元的三个故事，引领大家去体会互相理解的重要性，感受心灵的美好。

这个单元学什么？

阅读

记叙文中的议论和抒情

写作

记叙的方法：顺叙法

在记叙中加入抒情

说话

针对别人的看法表达意见

（选自《中学华文（普通学术）》二上第 1 页）

---

① 新加坡教育部课程规划与发展司．中学华文课程标准 2011．新加坡教育部，2010．

作为“先例”的三篇课文是《开关之间》《瘸腿的小狗》和《改变一生的闪念》，主题均为反映人与人之间的相互体谅和关怀。三篇课文之后的“课文放大镜”（相当于我们的“思考与练习”）有针对课文内容的理解认识提出的问题，有让学生查字典进行词语意义的理解、积累，以及让学生根据语境推断词语意义等练习。

“课文放大镜”之后是“技能学堂”，即“后说”。“后说”以课文为例，对学习重点进行简洁阐释。“技能学堂”之后接着的“小任务”（即作业），以及单元的“综合任务”都是针对学习重点即“后说”的相关知识进行的“再练”，试图达到“学以致用”的效果。各篇的具体内容如下：

第一篇讲读课文《开关之间》后面的“技能学堂（阅读）”专题是“记叙文中的议论和抒情”，以课文为例阐释记叙文中的议论和抒情及其作用，阐释之后的“小任务”是“阅读短文（《雪花飘呀飘》），画出文中议论和抒情的句子”。“技能学堂（说话）”的专题是“针对别人的看法表达意见”，以针对“志强认为，互联网使家人之间的关系疏远了”表达的不同意见为例进行十分简要的分析说明，然后“小任务”中摆出情境让学生练习发表自己的意见。

第二篇导读课文《瘸腿的小狗》之后的“技能学堂（写作）”的专题是“记叙的方法：顺叙法”和“在记叙中加入抒情”，知识讲解以课文为例，通俗易懂，要言不烦，其后的“小任务”是“根据题目《一份珍贵的生日礼物》，用顺叙法构思文章内容，并在结尾加入抒情的句子”。这个“小任务”以表格（见表3－1）的方式对写作的内容进行了分解和提示，这既大大地降低了完成任务的难度，又能进一步对学生进行写作指导。写作内容的表格化构思或许限制了学生创造性的发挥，但对于学生掌握常规性的表达确有帮助。

表3－1　顺叙法构思

结构	事情发展的先后顺序
开头	我的生日快到了，我希望收到什么生日礼物？谁会送给我生日礼物？
发展	生日之前发生了什么事情？
高潮	生日那天，我得到了什么礼物？我为什么觉得它珍贵？
结尾	我收到后有什么感想？
	可以加入的抒情句是：

第三篇是自读课文《改变一生的闪念》，紧随“课文放大镜”之后的就是“综合任务”。我们从“综合任务”的三个栏目名“温故知新”“牛刀小试”和“我学得怎样?”就可以知道它们的目的和功能：反复实践，巩固单元学习重点。特别值得一提的有两点：

第一，“温故知新”的两道练习题一方面继续巩固学生对“记叙文中的议论和抒情”及“针对别人的看法表达意见”的把握，另一方面又照顾到单元主题的内容，渗透对学生公民意识的影响和教育。

1. 从文中找出议论和抒情的句子。

2. “只要我们肯花点心思，就能让彼此之间多一份理解。”你赞同这样的说法吗？说一说你的理由。

第二，“我学得怎样?”要求学习者利用表格评价自己的学习情况并说明原因，以此让学生自我检测对重点学习内容的掌握情况，并对单元学习进行小结。

表 3－2　我学得怎样

技能		学习成效		
	全部能准确运用	大部分能准确运用	部分能准确运用	少部分能准确运用
读	记叙文中的议论和抒情			
写	记叙的方法：顺叙法			
	在记叙中加入抒情			
说	针对别人的看法表达意见			

从以上介绍，可以十分清楚地看出新加坡中学华文新教材的单元教学目标和单篇课文教学分工都很明确，而且都十分明确地指向语文知识（策略性知识）和语文能力训练。新加坡中学华文新教材的编写并没有让单元选文的人文主题遮蔽语文教学的本体任务，更没有引导学生去追逐对内容的理解而迷失了语文学习的方向。

总之，新加坡中学华文新教材的编写，一方面，在课文选择上关注了普遍性文化、华族文化与传统文化内容，使学生在读懂华文材料的同时感触到人文内容，实现了让学习者在学习华文时感受、认识、吸收华族文化与传统价值观的目标；另一方面，又将每一单元、每篇课文的学习重点明确地限定于程序性知识的学习、强化和应用练习，教材的作业编制系统都与课文的学习重点紧密结合，通过多样化的题型，帮助学生巩固所学的知识和技能，发挥强化或评价的作用。与中国语文教材过于强调语文教育的人文性教育相比，新加坡中学华文新教材的编写更突显了语文学习的本体目标，更好地显示了语文本色。

新加坡中学华文新教材清晰的语文性、实践性特点为我们探寻和编写教学内容确定性较强的语文教材提供了借鉴。

3. 以程序性知识指导学生的语言运用训练

语文知识教学是语文课程性质（工具性）的体现，是语文教学必不可少的内容。语文教学实践证明，在学生学习语文的实践中给予他们必要的语文知识，尤其是那些关键的知识作为指导，能使他们掌握规律，获得要领，融会贯通，举一反三，为学生语文能力的可持续发展打下基础。但“我们不是教学生认识语言，而是要让学生运用语言”①，因而语文课程所需要的语言知识应该是从培育学生运用语言的能力的目标出发，侧重于指导学生语文应用的程序性知识。

下面我们再解构《中学华文（高级）》二上第一单元“爱的力量”的第二篇导读课文《幸福的黄丝带》的编写，看看新加坡中学华文新教材是如何指导学生的语言运用训练的。

首先，课文前面有“预习”，分别从文中词语的积累、课文情节包括细节的理解和肖像描写把握等几个方面引导学生学习：

1. 理解下面句子中画线部分的意思，然后从段落中找出相应的词语，写在表格里。

序号	句子	段落	词语
1	在前去面试的路上，他因担心迟到而不断地看表。	3 ~ 4	

① 韩雪屏. 审理我国百年语文课程的语用知识. 课程·教材·教法，2010（10）：26 – 33.

（续上表）

序号	句子	段落	词语
2	读完这个悲剧故事，我心情十分忧伤。	3～4	
3	服刑的期限就要结束了，他心里充满了即将重获新生的喜悦。	8～9	
4	一看老伯脸上那深深的皱纹，便知道他经历过许许多多世事变化。	8～9	
5	电影中母子重逢的感人情节，令许多观众流下眼泪。	12～14	

2. 从哪些地方可以看出中年男子的妻子完全原谅并接受了他？
3. 找出课文中让你感动的情节。
4. 在课文中画出对中年男子肖像描写的句子。

（选自《中学华文（高级）》二上第 14 页）

其次，是课文。课文中对生字标注了拼音，对重点词语用褐色字体标示；因为是自读课，所以与讲读课课文不同，在课文的右边还有“阅读指引”。“阅读指引”主要是帮助学生对故事情节的关键点进行理解把握。

最后，是“研讨与练习”。“研讨与练习”1：先简要解说“倒叙”和倒叙的三种主要方式，再以课文为例，具体展示倒叙的结构特点，最后是“练一练”——“以‘一份特殊的礼物’为作文题目，确定主题，拟出写作大纲，并用倒叙法写出第一段”。“研讨与练习”2 与“研讨与练习”1 的内容构成相同：简要解说“详写”和“略写”，以及确定详写和略写的依据，再以课文为例，具体展示详写、略写的内容和方法，最后“练一练”——“根据《一份特殊的礼物》的主题和写作大纲，圈出每一段是详写或略写，把其中一个详写和略写的材料写在横线上”。

由上可见，新加坡华文新教材的课文编写重在以程序性知识指导学生的语言运用训练。而程序性知识的呈现，则与学生的语言运用实践密切联系，结合课文的内容和特点展开，做到了精要、好懂；同时，程序性知识的呈现又为实践技能的形成起到了定向作用，直接指导学生语文技能的练习和形成，真正做到了“有用”。

4. 教学内容形成相对完整的体系

教材的编写必须从教学的角度考虑两个问题：“教学哪些（什么）内容”

和“如何安排这些内容的教学”。

新加坡中学华文学习中以快捷源流所学的《中学华文（快捷）》占比最多，以高级源流所学的《中学华文（高级）》水平程度为最高。新加坡《中学华文（高级）》与中国将汉语作为第一语文的初中语文的学习程度最接近。下面我们借助表格将《中学华文（快捷）》和《中学华文（高级）》中各单元的“学习重点”展示出来（分别为表3－3、表3－4），从中大家可以看到：新加坡中学华文新教材从阅读、写作和听说三个方面梳理出构成华文能力的基本要素，并从中精选出学习要点（训练要点），将其确定为学习重点即教学目标，以形成三个方面相互联系的训练序列，最终形成语文知识教学与语文能力训练相结合的完整体系。由此，让教师和学生明确“教学哪些（什么）内容”和“如何安排这些内容的教学”，从整体到局部对教学做到心中有数。此外，我们也可以细心比较表3－3、表3－4，了解到快捷源流课程与高级源流课程的联系与区别。

表3－3 《中学华文（快捷）》学习重点一览表①

单元	一	二	三	四
主题	校园新鲜事	生活新天地	友情 亲情	人生的旅程
一上 学习重点	阅读 能掌握浏览式阅读法 写作 能掌握审题方法 说话 能应用适当的语调、语速表达不同的情感	阅读 能找出线索，确定文章主题 写作 能紧扣题目，拟出内容重点 聆听 能抓住关键词语，在日常会话中听懂对方话语的主要意思；能根据情境和关键词，听出对方的观点和用意	阅读 能理解肖像描写和行动描写的作用 写作 能通过调动五官感知来进行描写 听说 能从上下文识别事情发展的前因后果；能针对见闻表达自己的感受	阅读 能通过标题、导语了解新闻的主要内容 写作 能根据新闻发表感想，并结合自己的生活写一封信 听说 能抓住所说明的主要事物，把握事物的特点与细节；能说明事物的特点与细节

① 新加坡教育部课程规划与发展司. 中学华文（快捷）. 新加坡：名创教育出版社，2012—2014.

（续上表）

	五	六	七	
	温情满人间	绿色星球	故事园地	
一下 学习重点	阅读 能理解比喻、比拟的修辞手法 写作 能运用比喻、拟人两种修辞手法；能运用直接点题的方法开头 听说 能听出与不同辈分的人说话时表达上的差异；能根据对方的辈分，采用适当的表达方式	阅读 能区分广告中的“事实”和“意见” 写作 能写完整的电子邮件 听说 能听出广告中的“事实”和“意见”；能针对事件发表自己的看法	阅读 能用摘录和提要的方法积累阅读材料 写作 能写简单的阅读报告 听说 能根据已学过的知识听出说话者的观点或用意	
	一	二	三	四
	心灵的对话	情系家园	呵护大自然	人间冷暖
二上 学习重点	阅读 能理解记叙文中的议论和抒情 写作 能以顺叙法写记叙文；能在记叙中加入抒情 听说 能针对别人的看法表达意见	阅读 能抓住景物描写的特点，理出描写的顺序；能掌握景物描写的顺序 写作 能抓住景物描写的特点，按顺序描写景物 听说 能抓住景物描写的特点，理出描写的顺序；能抓住景物描写的特点，按顺序描述景物	阅读 能理解新闻中的“倒金字塔”结构 写作 能运用倒叙法写记叙文 听说 能根据新闻访谈，区分受访者意见的异同；能针对社会话题发表意见	阅读 能理解语言描写的作用 写作 能运用语言描写 听说 能听出访谈中的“事实”和“意见”；能在访谈中恰当得体地提问

（续上表）

二下 学习重点	五	六	七	
	文化调色板	深情厚谊	小说的魅力	
	阅读 能理解事物说明文的特点 写作 能运用举例子的说明方法 说话 能把握事物的相关知识，确定说明的重点；能确定说明的重点，说出事物的相关知识	阅读 能初步欣赏唐诗的语言美 写作 能运用借景抒情的写作手法 听说 能听出不同背景的说话者在表达上的差异	阅读 能初步欣赏小说 写作 能运用首尾呼应的写作手法 说话 能在沟通时适当使用体态语	
三上 学习重点	一	二	三	
	过错与谅解	关爱一生	把握未来	
	阅读 能找出关键句，确定文章主题 写作 能在写作时做到详略得当 聆听 能把握新闻报道的内容	阅读 能理解心理描写 写作 能运用心理描写；能运用插叙法写记叙文 说话 能组织内容，有条理地讲述	阅读 能理解议论文的三要素；能理解举例论证法和引用论证法 写作 能运用举例论证法和引用论证法 聆听 能抓住议论性语料中的论点	

（续上表）

三下 学习重点	四	五	六	
	大自然的风采	心中有爱	家国情怀	
	阅读 能理解说明文的时间顺序 写作 能运用列数字的说明方法；能写简单的景点介绍 听说 能通过比较，抓住事物的特点；能用作比较的方法说明事物的特点	阅读 能理解议论文的基本结构 写作 能按照基本的结构写议论文 听说 能抓住议论性语料中的论据；能用事例或名言熟语支持自己的观点	阅读 能初步欣赏散文 写作 能运用夹叙夹议的写作手法 说话 能在阅读后作口头报告	
四上 学习重点	一	二	三	
	往事随想	知识百科	人生舞台	
	阅读 能理解反问的修辞手法 写作 能运用反问的修辞手法；能写完整的博客 听说 能通过说话者提出问题的方式，听出其观点和用意；能以反问和设问表达自己的看法	阅读 能理解说明文的特点；能理解说明文的逻辑顺序 写作 能运用作比较的说明方法 说话 能恰当得体、完整清楚地作口头报告	阅读 能理解对比论证法 写作 能运用对比论证法 说话 能针对话题，从正反两方面加以论述	

（续上表）

	四	五		
	寓言的世界	情义存心间		
四下 学习重点	阅读 能欣赏寓言故事 写作 能创作简单的寓言故事 聆听 能听出寓言故事的寓意	阅读 能理解不同的论证方法 写作 能运用不同的论证方法写议论文		

表3－4　《中学华文（高级）》学习重点一览表①

单元	一	二	三	四
主题	彩色校园	感受生活	亲情世界	情义无价
一上 学习重点	阅读 能掌握浏览式阅读法 写作 能掌握审题方法 说话 能运用适当的语调、语速表达不同的情感	阅读 能找出线索，确定文章主题 写作 能掌握立意的过程；能拟出简单的写作大纲 聆听 能抓住关键词语，在日常会话中听懂对方话语的主要意思；能根据情境和关键词，听出对方的观点和用意	阅读 能理解肖像描写和行动描写的作用；能理解叙事中抒情的手法 写作 能通过调动五官感知来描写人物特征，丰富文章内容 听说 能从上下文识别事情发展的前因后果；能针对见闻表达自己的感受	阅读 能通过标题、导语了解新闻的主要内容 写作 能根据新闻发表感想，并结合自己的生活写一封信；能运用叙事中抒情的手法；能围绕中心线索，以顺叙法写记叙文

① 新加坡教育部课程规划与发展司．中学华文（高级）．新加坡：名创教育出版社，2012—2014.

（续上表）

	五	六	七	八
	感受自然	历史故事	文化之窗	诗情画意
一下 学习重点	阅读 能理解比喻、比拟的修辞手法 写作 能运用比喻、比拟的修辞手法；能运用首尾呼应的写作手法 听说 能听出与不同辈分的人说话时表达上的差异；能根据不同辈分，采用适当的表达方式	阅读 能摘录文章要点，并整理出内容摘要 写作 能写简单的阅读报告；能写完整的电子邮件	阅读 能理解事物说明文的特点；能理解举例子和列数字的说明方法 写作 能运用直接点题的方法开头；能用举例子的方法写简单说明文 听说 能通过例子和数字，抓住事物的相关知识；能用举例子和列数字的方法，说明事物的相关知识	阅读 能初步了解唐诗的主要形式；能初步欣赏唐诗的语言美 写作 能运用借景抒情的写作手法 听说 能抓住景物的特点；能描述景物的特点
	一	二	三	四
	爱的力量	心系祖国	走进自然	学会包容
二上 学习重点	阅读 能理解报纸新闻中的“倒金字塔”结构 写作 能运用倒叙法写记叙文；能做到详略得当 听说 能根据访谈，区分受访者意见的异同；能针对社会话题发表意见	阅读 能找出关键句，确定文章主题；能理解心理描写的作用 写作 能运用插叙法写记叙文；能选择典型材料写作 听说 能根据对方的看法表达自己的意见	阅读 能理解景物描写的作用；能掌握景物描写的顺序 写作 能按照顺序进行景物描写	阅读 能理解语言描写的作用；能理解反问的修辞手法 写作 能运用语言描写刻画人物性格；能运用反问的修辞手法 听说 能通过说话者提出问题的方式，听出说话者的观点和用意；能针对话题，以设问或反问表达自己的看法

（续上表）

	五	六	七	八
	绿色环保	科学探秘	相处之道	关爱之情
二下 学习重点	阅读 能掌握说明文的时间顺序 写作 能运用并列结构进行写作 说话 能有条理地描述图意，并发表看法	阅读 能掌握事例说明文的特点；能掌握说明文的逻辑顺序 写作 能用作比较的方法写简单的说明文 听说 能通过事物间的比较，抓住事物的特点；能利用比较的方法来说明事物的特点	阅读 能掌握议论文的三要素；能理解举例论证法和引用论证法 写作 能运用举例论证法进行写作 聆听 能抓住议论性语料中的论点	阅读 能初步欣赏现代微型小说 写作 能根据文章的情节发展进行续写 说话 能用适当的体态语与人沟通
	一	二	三	四
	感恩之心	科普园地	成功的阶梯	人生智慧
三上 学习重点	阅读 能理解夸张、排比的修辞手法 写作 能运用夸张、排比的修辞手法	阅读 能理解说明文平实的语言与生动的语言 写作 能运用平实的语言与生动的语言进行说明 聆听 能听出不同背景的说话者在表达上的差异	阅读 能理解议论文的基本结构 写作 能运用引用论证法进行写作；能适当运用过渡句	阅读 能理解对比论证法 写作 能运用对比论证法进行写作；能根据要求进行缩写 说话 能用适当的论据支持自己的观点

（续上表）

三下 学习重点	五	六	七	
	给予和关怀	了解自己	家国情怀	
	阅读 能欣赏夹叙夹议的散文 写作 能写夹叙夹议的文章；能写完整的博客	阅读 能欣赏寓言故事 写作 能创作简单的寓言故事 聆听 能听出寓言故事的寓意	阅读 能欣赏新诗 写作 能创作简单的新诗	
四上 学习重点	一	二	三	
	生活态度	文化探寻	情系自然	
	阅读 能理解比喻论证法 写作 能运用比喻论证法进行写作；能写完整的演讲词	阅读 能理解议论文严密的语言和生动的语言 写作 能对文章的语言进行修改 说话 能发表简短的演讲	阅读 能欣赏借景抒情的散文 写作 能写借景抒情的散文	
四下 学习重点	五	六	七	
	感悟哲理	人生际遇	理想与抱负	
	阅读 能欣赏借物喻理的散文 写作 能写借物喻理的散文	阅读 能欣赏小说的人物和情节 写作 能运用多种人物描写的方法来刻画人物	阅读 能欣赏古诗词中的名句 写作 能根据古诗词进行再创作	

我们看到，新加坡中学华文新教材的编写既注意到了单元与单元之间的纵向衔接，又注意到了单元内各课型之间的横向联系，而且做到了上一个单元所

学的技能能够在接下来的单元中复现，使之得到运用和巩固，较好地落实了《中学华文课程标准2011》对教材的编写建议。

5. 重视听说能力培养

我们在第二章解读《中学华文课程标准2011》时谈到：新加坡中学"华文新课标"的特点之一，是"注重培养言语交际能力"（"华文新课标"在课程总体目标、分级目标，以及教材编写理念中，都明确强调要注重学生语言交际能力的培养）。新加坡中学华文课程实施要领首要的一点，就是华文作为第二语言教学的课程以沟通为首要目标，并且强调实用性，而实用性的沟通必须先以听说为起点，再进入读和写的书面沟通。

新加坡中学华文的教学对象主要是华人华侨，他们学习汉语的目标很明确，就是要在短期内迅速提高汉语的听说读写能力。新加坡中学华文新教材的编写突显了对语言交际能力培养的重视：

第一，《中学华文（基础）》与《中学华文（B）》教材的单元编写，先安排"听说课"再安排"读写课"，以听说带动读写，听说两种技能互相配合。其中"听说课"包含了"听一听，做一做"和"想一想，说一说"，每课都有两个听力活动和一个说话练习，并提供"听前准备"和"说前准备"，以及听说练习的评量表。

第二，《中学华文（普通学术）》《中学华文（快捷）》《中学华文（高级）》教材的单元虽由讲读课、导读课与自读课构成，但在单元"学习重点"中明确列出了听说的具体内容和要求，并在"技能学堂"安排了具体、可操作的听说训练活动，在"我学得怎样?"练习评量表中也有说或者听的"一席之地"。

第三，华文新教材的五种课程中每个单元的课文都只有三四篇，且篇幅相对简短。作为第二语言，减少课文篇章数量，正是为了便于创造更多的时间和空间训练口语表达与增加互动性活动，以保证学习者学习口语表达的质量。

结　语

新加坡中学华文教学对象的特殊性，决定了华文教学作为一种语言教学有其自身的特殊性。新加坡中学华文新教材的编写，力求体现华文教育的国家意志和教育思想，体现课程标准的要求，实现"以语言能力等级为基础，建构课程体系"的课程目标。

《中学华文课程标准2011》要求"根据不同课程的需要，按照听说读写的能力要求，将中学阶段的语言能力等级分为三至七级。不同课程必须达到各自的语言能力等级，每个等级都包含一定数量的目标与学习点"①。根据这一要求，新加坡中学华文新教材以程序性知识为体例，建构了难易有序、循序渐进、完整连贯的华文教学基础知识和能力训练，同时兼顾人文教育和文化教育。

作为教师授课和学生学习的主要依据，新加坡华文新教材的编写遵循学以致用的教育原则，致力于指导学习者运用所学知识去分析解决问题。概括起来，新加坡华文新教材的特点是：基础知识教学内容确定、基本能力训练项目具体、课文学习提示指导性强、"研讨与练习"的训练编排有条理、学习过程评价导向明确。

① 新加坡教育部课程规划与发展司．中学华文课程标准 2011．新加坡教育部，2010：8.

第四章　新加坡中学华文新教材与人教版语文教材的比较

新加坡中学华文教育相当于中国的初中语文教育。人民教育出版社2001年发行并于2013年修订的初中《语文》教材，简称“人教版语文教材”，在中国大陆使用面广、影响力大。为了更深入细致地了解新加坡中学华文新教材的编写框架、体例结构、具体内容，以及其中所蕴含的教学理念，本章将在从不同角度对新加坡中学华文新教材的编写内容与结构体系进行分析、归纳、梳理的同时，与人教版语文教材进行比较，并兼议新加坡中学华文新教材带给我们的启示与思考，以帮助我们更好地认识把握中国汉语作为第一语言教育的规律。

需要说明的是，新加坡中学华文五种课程相对应的教材既有联系又有区别。就学习内容和要求来说，《中学华文（快捷）》和《中学华文（高级）》与中国初中语文学习要求比较接近，其中《中学华文（高级）》与中国初中语文学习最为接近。所以，我们选用新加坡中学华文快捷和高级两种不同课程的教材进行比较研究，并重点研究《中学华文（高级）》，目的在于在对比研究新加坡中学华文新教材与人教版初中语文教材的同时，让读者对新加坡中学华文新教材“因材施教，针对不同学习能力的学生开发不同版本的教材，让每位学生都能得到发展”① 这一特色有所感受和认识。

一、《中学华文（快捷）》的板块设计分析

中学华文新教材的每一册都有一个“编写说明”，明确“本教材的编写以课程标准所列出的课程目标为依据，旨在提升学生的语言交际能力、人文素养与通用能力”②。下面我们以新加坡《中学华文（快捷）》为例来说明新加坡华文新教材的板块设计，以及它带给我们的思考和启发。

---

① 李海榕. 新加坡中学华文教材板块设计及启示. 课程教学研究，2015（12）：41.

② 新加坡教育部课程规划与发展司. 中学华文. 新加坡：名创教育出版社，2012.

1. 单元设计分析

《中学华文（快捷）》各年级课本分上下两册，但每册的单元数却不同：一年级和二年级，上册四个单元，下册三个单元；三年级上下册均为三个单元；四年级上册三个单元，下册两个单元。每个单元的课文以主题阅读的形式进行选材编写，即单元内的课文都围绕着一个主题来选材、编写。每个单元都有单元介绍和学习重点：单元介绍是该单元课文内容的简要介绍；学习重点在“这个单元学什么?”标示，从阅读、写作和说话三个方面列明单元学习目标，突出培养学生语言能力的目标。

以《中学华文（快捷）》一上第一单元为例，单元主题为“校园新鲜事”。

单元介绍中写道：“在校园里，经常会发生一些有趣的小故事。本单元由三个发生在校园里的故事组成。这三个故事都是围绕着中一甲班而展开的。现在，就让我们一起走进王甜甜、方大鹏、林带弟的世界里去吧！”单元学习重点明确列出：①阅读：能掌握浏览式阅读法；②写作：能掌握审题方法；③说话：能运用适当的语调、语速表达不同的情感。单元教学分为三种课型，包括讲读课、导读课和自读课。三种课型后是“综合任务”和“单元自我评价”。

（1）讲读课。

课文《新老师·新同学》中需要学生掌握的词语以不同颜色显示，生字词则加上汉语拼音，以帮助学生扫除阅读障碍；课文后面“课文放大镜”中的问题则分为两类：一类是提出问题以帮助引导学生进行思考，加深学生对课文的理解，一类则是引导和帮助学生对词语进行理解和积累。“技能学堂”分为阅读与说话，分别针对阅读学习、听说学习的重点提供例子并进行解说，再通过“小任务”进行巩固练习，技能指导侧重于对学生学习方法的指导与知识点的解说。

先看“技能学堂（阅读）”。针对阅读学习重点“能掌握浏览式阅读法”提供例子，对学生进行技能指导：首先，从课文题目“找出题目中的关键词语，然后想一想跟关键词有关的问题。我们可以从‘谁、什么时候、哪里、什么事、为什么、怎么样’这几个角度去进行联想”。然后，从段落入手“寻找并阅读与关键词语有关的段落”，从而把握“了解文章的主要内容”。配套的“小任务”中，要求学生用“找出题目中的关键词语”“寻找并阅读与关键词语有关的段落”的方式对短文《东东的快乐与烦恼》进行浏览式阅读并完成练习，即“填写短文的主要内容”。为了降低“填写短文的主要内容”的难度，对填写的内容还进行了提示：“令东东快乐的事情是：__________”，“令东东烦恼的事情是：__________”，“东东的希望是：__________”。“技能学堂（阅读）”的教学重点是具体阅读方法的指导和训练。

再看“技能学堂（说话）”。针对听、说学习重点“能运用适当的语调、语速表达不同的情感”，提供例子对学生进行必要的解说：语调指说话时声音升降轻重的变化；语速指说话的速度。语调的变化和语速的快慢能帮助说话者表达不同的情感。然后让学生听录音（课文的朗读录音），要求学生注意说话者的语调和语速，以及所表达的情感。需要说明的是，教材中还附有说话者所表达的情感与说话者说话语调、语速的对应表（见表4－1），这样便于学生一边听录音，一边根据对应表进行细致的品味、理解。配套的“小任务”则是要学生听一段对话录音（听力课文），以填写表格的方式完成练习“说话者要表达什么样的情感？他们的语调和语速又是怎么样的？”并要求学生确定答案后，两人一组进行对话练习。“技能学堂（说话）”的教学重点是具体听说技能的指导和训练。

表4－1　说话者情感与语调、语速对应表①

课文例句	情感	语调	语速
你的父母为什么替你取这个名字呢？（第5段）	好奇	升、轻	中
我们班上还有一个林带弟呢！（第9段）	兴奋	升、重	快
你也说说看吧。（第10段）	鼓励	降、轻	中
老师叫你呢！（第11段）	心急	升、重	快
带弟的父母一定很爱她！（第12段）	肯定	升、重	快

与人教版初中语文教材相比，新加坡中学华文新教材突出的地方是听力课文的安排（学生听了录音后，进行各种有关的活动），以听带说，听说结合，协调发展，强化了华文作为第二母语的交际功能。

（2）导读课。

课文《我的邻桌方大鹏》旁注的“阅读指引”以问题或解说的形式呈现，引导学生对内容进行思考和探究，有助于学生理解文章内容并进行个性化解读，从而加深对教学内容的理解。“知识小锦囊”对课文中出现的知识点加以解说，有助于学生理解教学内容，并提示学生可上网输入关键词进行相关知识的搜索，有意识地告知学生获取知识的途径，同时达到扩大学生阅读面的目的。导读课的“课文放大镜”中问题的设置类型和设置目的与讲读课相同。导读课的“技能学堂”就是针对写作学习重点“能掌握审题方法”展开的：先根据例文说明“审题一般包括确定文体、找出题目中的关键词语、理解题意和确定写作范围（包括时间、地点、人物、事件）”，再辅之以“小任务”

① 本表选自《中学华文（快捷）》一上第10页。

进行巩固性审题训练。导读课“技能学堂”的教学重点相对单一，集中于写作技能的理解和运用。

(3) 自读课。

导读课以旁注的形式呈现“阅读指引”，而自读课则在课文前面以类似我们的“学案”的方式呈现针对课文的学习活动或问题设计以引导学生进行阅读。课文中除了以不同颜色显示需要学生掌握的词语并将生字词加上汉语拼音外，还加上了两种图标：一种是在词语旁边标示“字典”的图标以提示学生自行查阅词典了解词语的意思，一种是要求学生借助上下文推断词义。自读课也同样有“课文放大镜”，但集中于对课文内容的理解和讨论，且具有开放性。自读课的教学重点是对讲读课和导读课的教学重点进行巩固性的综合运用训练。

(4) 综合任务。

以活动设计呈现学习内容，包含“温故知新”和“牛刀小试”“我学得怎样?”三个小板块：

“温故知新”是综合至少两种技能的练习，本单元重在对所学听说技能的复习巩固和提高。

“牛刀小试”要求学生运用所学的写作技能进行写作练习，即就命题进行审题之后，完成一篇完整的作文。

“我学得怎样?”是让学生在完成该单元的学习任务后，根据表格的要求进行自我检测和反思。这有助于学生的自查自省与交流反馈，也有助于教师及时掌握学情。

2.《中学华文（快捷）》板块设计的启示

《中学华文（快捷）》采用阅读主题组合单元，以单元为整体统筹安排教学内容和教学重点，根据教材体系的内部联系，将教学内容和教学时间划分为若干个相对独立而又前后关联的综合教学单位，即单篇课文教学“一课一得”，单元内部的教学重点又“得得相连”，如此，单元教学被赋予了特殊的作用。与现行的人教版初中语文教材和语文教学相比，新加坡华文新教材带给我们更多的是启示与反思。

(1) 教学目标显性化。

教学目标显性化应该是新加坡中学华文新教材最突出的特点之一。单元的教学内容和范文的选择、编写与教学目标相对应，教学目标具体明确，且教学目标的制定以学生为主体，所划分的分段学习目标符合学生学习过程的循序渐进。“每项教学指标的具体确定有利于教师开展教学工作、调控教学进度，并有利于学生对自我学习效果进行反思反馈。”① 对此，前文已有所论述，恕不赘述。

下面以2013年人教修订版《语文》七上第一单元为例，来审视我们的初中语文教材。这个单元的主题是“亲情”。单元“导语”写道：

浓浓亲情，动人心弦。亲情是人间真挚而美好的感情，描写亲情的诗文往往最能打动人。在本单元这几篇课文，以不同的生活为背景，抒发了同样感人至深的亲情。

学习本单元，要准确流畅地朗读课文，整体把握文章内容。要结合阅读提示和课后练习，抓住重点难点问题，深化理解；也要结合自己的生活经验和情感体验，体会课文所表达的丰富多彩的情感。

［选自人教版《语文》（2013年）七上第1页］

这个单元选编的课文包括精读课文《散步》《秋天的怀念》和《世说新语》里的两则故事，略读课文《羚羊木雕》《散文诗两首》（《金色花》《纸船》）。而本单元的写作专题是“从生活中学习写作”，主要告诉大家从生活中学习写作要注意的几点，即要观察生活、感受生活、写自己熟悉的生活。

虽然单元导语对本单元提出了学习要求，但仔细研究不难发现：除了“读一读，写一写”有明确的生字词的积累外，其余每篇课文的提示语、“研讨与练习”都没有清楚明确地告诉我们单篇的重点学习目标（包括知识学习和能力训练内容），尤其没有明确通过一个单元的学习学生应该或者可以掌握哪些知识、形成哪些能力。于是，各篇课文如何落实单元导语的要求——“要结合阅读提示和课后练习，抓住重点难点问题，深化理解”，“体会课文所表达的丰富多彩的情感”，以及阅读教学如何与写作专题“从生活中学习写作”有机结合，都只能是老师和学生“八仙过海，各显神通”了。我们从教学一线的实际了解到，本单元的教学基本上以引导学生“体会课文所表达的丰富多彩的情感”为教学的主要目标甚至是全部目标，语文本体性教学目标被淡化甚至漠视的情况不在少数。

2011年，江苏师范大学的魏本亚组织《老王》的同课异构活动，让大家看到对相同一篇课文名师们的教学内容却迥然相异！② 笔者以为，我们在赞赏名师们的教学风采，折服于名师们的教学魅力的同时，应该更深入地思考“迥然相异”背后存在的教材教学内容不确定带来的问题。

上海师范大学的王荣生认为，语文课程的内容主要有三个方面，一是

① 李海榕．新加坡中学华文教材板块设计及启示．课程教学研究，2015（12）：41．

② 魏本亚，尹逊才．十位名师教《老王》．上海：上海教育出版社，2014．

“定篇”，即构成人文素养确切所指的文学文化经典作品以及对它们的阐释；二是“语文知识”，包括事实、概念、原理、技能、策略、态度等；三是“经历”，指某一学段学生必须经历的某项语文实践活动。语文课程内容的上述三个方面应该具有确定性，即一个单元、一篇课文的教学功能如何，课程内容是什么，语文教科书应该有明确的回答，而且要通过种种教学资源的调用和组织来具体呈现。使用同一本教科书的不同班级，语文课的教学内容应该有较高的趋同性。这本来是常识，是学校教学的常态。但是，由于语文课程研制、语文教材编制和语文教学的种种问题，“常识”被蒙蔽，以致在一部分语文教师眼里，语文教学似乎想怎么教，就可以怎么教，想教什么，就可以教什么，教这或教那，多教或少教，甚至教或不教，似乎都无所谓。① 长期以来，教学内容的不确定，导致教师教学随意性问题突出，使用同一本语文教科书的教师，教同一篇课文，具体的教学内容千姿百态，甚至千奇百怪。如此一来，“语文”这门国家课程就演变成了教师个人的事情，教学内容和教学方法的选择似乎都可以随意进行。而将国家课程演变成教师个人的事情，是极不讲理也是极不公平的事！

因此，“教什么”一直是困扰语文教师的突出问题。这无疑大大增加了教师备课的负担，甚至在一定程度上造成了语文教学的混乱，影响了语文教学的效率。探索和建立教学内容确定性较强的教学体系是语文教育工作者的追求和期盼，为达此目标，首先需深入总结我国语文教育的经验和教训，同时借鉴国际母语教育的经验。

（2）重视资讯科技运用能力的培养。

新加坡华文课程标准明确提出要培养学生的通用能力，包括发展思维能力、自学能力、资讯科技运用能力、社交技能与情绪管理能力。“课程标准明确提出培养发展学生的资讯科技运用能力有其先进性”②，其明确提出要让学生“能初步通过资讯科技工具与他人用华文作交际沟通”“能按指定来源搜集并整理资料”③ 等。比如上述第一单元讲读课的“技能学堂（说话）”和配套的“小任务”要求学生进行的口语交际能力训练，“知识小锦囊”提示的学生可上网输入关键词进行相关知识的搜索等，都旨在培养学生的资讯科技运用能力。“信息的获取、处理能力与语言技能相结合，不单符合中学生对外界学习的心理特点和学习规律，拓展了学生的学习空间及资源，也为学生的终身学习打下了基础。”④

---

① 王荣生．语文教学内容的确定性及其面临的问题．语文学习，2009（9）：5－7．

② 沈妍．新加坡《华文课程标准》的特点与启示．现代教学，2011（3）：74．

③ 新加坡教育部课程规划与发展司．中学华文课程标准 2011．新加坡教育部，2010：24．

④ 李海榕：新加坡中学华文教材板块设计及启示．课程教学研究，2015（12）．

(3) 教材编写体现教学的实用性。

“技能学堂”在教材每个单元的设计中都以独立的教学模块形式出现，有着典型的“学习型任务”特点①，针对教学内容有着明确的训练学习目标，旨在帮助学生进一步理解讲读课文的内容，重点训练听、说、读、写四项语言技能中的一项或两项，借助专项的训练提高学生的语言运用能力，并辅助以资讯科技提高运用效果。巩固性练习以能力训练为导向循序渐进，遵循“先例，再说，后练”原则，先进行阅读、听说训练后进行写作、综合性训练，教材编排完整连贯，练习设计针对性、实效性强。

(4) 培养学生学习的自主性。

讲读课的“课文放大镜”、导读课的“阅读指引”以及自读课的“导语”等问题指引或活动设计，引导学生主动发现问题、思考问题、解决问题，在培养学生思维能力的同时提高学生的自学能力。在单元“综合任务”后设计该单元“我学得怎样?”的教学内容目标达成自检模块，学生可通过对照该目标达成指标细则对该单元的学习效果进行自我评价，在提高学生的自主学习能力的同时也培养了学生的自我认知能力，把教材看作引导学生认知发展、生活学习、人格建构的一种媒介，而不是学生必须完全接受的对象和内容。② 因此，教材是学生发展的“文化中介”、师生进行交流的“话题”。③ 我们应重视学生自主学习能力的培养，因材施教，让每一个学生都能得到应有的发展。

上述新加坡中学华文新教材模块设计及特征在现行的人教版初中语文教材中未得到充分体现。

中国的初中语文教育要改变语文教学内容的随意性与教学目标的不确定性现状，就需要研究开发一套以严密而系统的语文程序性知识引导学生语言实践活动的教材。新加坡中学华文新教材无论在内容编排还是形式上都给了我们很好的启示。

二、中学华文新教材与人教版教材的单元编制比较

人教版初中语文教材改革后的一大创新是单元“主题组元”，以配合语文教学工具性与人文性的统一，这样就使其与新加坡中学华文新教材在很大程度上具有了可比性。

---

① 胡维娜. 新加坡中小学华文课程标准及教材研究. 济南：山东大学，2012.

② 郑玉财. 我国义务教育初中语文实验教材与新加坡中学华文教材比较研究. 辽宁教育研究，2003 (10).

③ 靳玉乐. 中国基础教育新课程的创新与教育观念转变. 西南师范大学学报，2002 (1).

下面我们将比较人教版初中语文教材与新加坡《中学华文（高级）》的单元编制情况，就单元的结构编排、单元的助读系统编排（即导语的编写、阅读提示及注释）、练习（“研讨与练习”）等方面进行研究。

1. 单元结构的比较

(1)《中学华文（高级）》的单元结构。

《中学华文（高级）》比《中学华文（快捷）》多出四个单元：一年级和二年级上下册均为四个单元；三年级上册四个单元，下册三个单元；四年级上下册均为三个单元。

《中学华文（高级）》与《中学华文（快捷）》的单元结构大体相同又有差异。为免赘述，下面我们借助与《中学华文（快捷）》的比较，来大致了解《中学华文（高级）》的结构。

①与《中学华文（快捷）》的相同之处。

《中学华文（高级）》与《中学华文（快捷）》的单元结构大体上是相同的。以一上第一单元为例，它的单元主题是“彩色校园”。“单元解说”（快捷教材称之为“单元介绍”）概括解说单元主题；之后明确列出单元“学习重点”：a. 阅读：能掌握浏览式阅读法；b. 写作：能掌握审题方法；c. 说话：能运用适当的语调、语速表达不同的情感。该单元包括讲读课、导读课、自读课（学生可以在课外或课堂上自行阅读）和综合任务。阅读、写作、说话，以及基础知识和综合性学习由浅入深地分布于讲读课、导读课教学中，并以自读课和综合任务对单元学习重点进行巩固运用和学习效果检验。尽管单元学习重点与快捷课程相同，但是对具体技能的要求比快捷课程高，也更倾向于引导学生自主学习，这从下文的比较中可以看出。

②与《中学华文（快捷）》的不同之处。

与《中学华文（快捷）》不同，《中学华文（高级）》的讲读课和导读课前面都设有“预习”，以引导学生掌握课文中的词语和主要内容，复习前面所学的技能。倒是自读课没有了快捷教材中为引导学生进行阅读而设置的“学案”；讲读课和导读课的“技能学堂”均被“研讨与练习”取而代之，部分讲读课的“研讨与练习”后有“听说天地”。单元学习重点则在“研讨与练习”中同样采用“先例，后说，再练”的顺序完成，“自读课”后面的“课文放大镜”则被“思考与练习”取代，“知识小锦囊”换成了“知识窗”。《中学华文（高级）》板块名称的理性色彩明显增强。

《中学华文（高级）》还增加了以下板块：

第一，加强对学生情意品德的显性引导。导读课“研讨与练习”最后附有带“铃铛小人”图标的问题，旨在培养学生的情意品德。

第二，部分课文学习根据需要还设有“作者介绍”“瞭望台”。“瞭望台”针对的是该课所学的语言技能。

第三，《中学华文（高级）》教材的一二年级上册，在第四单元后面还设有“专题研习”，分别是“以广告为例，结合数码教材开展专题研习”“以介绍新加坡旅游景点为例，结合数码教材开展专题研习”。专题研习有研习步骤的说明、具体研习任务和专题研习自我评价表。从步骤介绍和任务要求来看，就是学生根据自己的兴趣和能力，选定一个主题，进行一系列有意义的研究。这个过程包括有效的资料搜集、整理、分析、综合、思考等，最后得出结论和新的知识。专题研习既可以引导学生学习书本以外的知识，同时又可以把课堂上学到的知识应用到实际生活。

第四，《中学华文（高级）》三四年级增加了“延伸阅读”。《中学华文（高级）》三四年级与一二年级除了上面所说的单元数量的不同外，它们的编写结构也不同，即三四年级《中学华文（高级）》教材在每个单元之后，除了有“综合任务”“自评与反思”（即一二年级的“单元自我评价”）外，还增加了“延伸阅读”。延伸阅读是推荐一篇文章，以扩大学生的阅读面，并强化学生在本单元所学的阅读技能。这些因年级不同而出现的编写方面的差异，再次证明了新加坡中学华文教育对“因材施教”原则的贯彻。

由结构的不同可见《中学华文（高级）》各课型的学习内容更丰富，读写要求更高，这点从表 3 -3 与表 3 -4 的比较中可见一斑。

（2）人教版教材的单元结构。

2013 年人教修订版初中《语文》共六册，每册六个单元。我们以《语文》七上第二单元为例，来审视我们初中语文教材的单元结构。这个单元的主题是“学习生活”。单元主要框架为：

阅读

我的老师　魏巍

再塑生命的人 海伦·凯勒

＊我的早年生活 丘吉尔

＊王几何 马及时

《论语》十二章

写作

说真话 抒真情

综合性学习

漫游语文世界

［选自人教版《语文》（2013 年）七上：目录］

“阅读”编排了五篇课文，其中课文前面有没标“＊”的两篇篇目为精读课文，前面标有“＊”的两篇篇目为略读课文。每个单元的阅读都有“导语”。精读课文和略读课文的编写从内容到形式都没有区别：每篇课文前面都有课文“提示语”；每篇课文后面都有“研讨与练习”和“读一读，写一写”；部分课文有题注，说明课文的出处、作者的简介等；课文的页面底端根据需要还有些注释，主要是对生字词的注音解释，以及一些人名或地方等的解说。

“写作”专题由“写作导引”和“写作实践”两个部分构成。“写作导引”先说明“说真话”“抒真情”对于写作的意义，再结合本单元的课文进行简要的阐释，即论例结合，对学生进行写作导引。而“写作实践”则设置了三道写作练习：一是让学生修改过去作文中的虚假话语；二是以“那一次，我真__________”为题，写一篇记事为主的不少于500字的作文；三是以自己（学生）的真实学习经历，自拟题目写一篇不少于500字的记叙文。可见，一方面，写作虽单列却又与阅读相联系；另一方面，每个写作专题都与阅读专题保持一致，但结合度小，而且结合之后仍是阅读为主体、写作为附庸。《语文》七上共六个单元，每个单元都有“写作”专题。

“综合性学习”专题“漫游语文世界”，主要要求学生开展一次在生活中学习语文的活动，以引导学生重视在生活中学习语文、运用语文。《语文》七上共有3个“综合性学习”专题。从人教版综合性学习的内容和形式来看，新加坡中学华文新教材中没有“综合性学习”这个板块。

此外，从整册看，少数课文的“研讨与练习”之后，还有用以补白的文字：或名人名言，或名著选段，或语文知识（“比喻”“夸张”）。

（3）初中《语文》与《中学华文（高级）》单元结构的差异。

显而易见，与新加坡华文新教材不同，初中《语文》的“写作”与“阅读”分开单列，没有类似“综合任务”的综合运用本单元所学的技能进行巩固练习的内容。另外，从《中学华文（高级）》与人教版初中《语文》的单元结构的比较中，我们不难看到两套教材还存在着不少的差异：

第一，初中《语文》三个年级全套六册课本，每册课本的单元数量均为六个单元；每册课本的内容板块和结构都相同；每个单元的“精读课文”和“略读课文”的内容结构也相同。而《中学华文（高级）》课本内部的单元数量随年级不同而有变化，单元的内部也因三种课型的不同而有变化。

第二，初中《语文》的每篇课文之前都有“阅读提示”，《中学华文（高级）》所有课文前面都没有“阅读提示”，而是在讲读课和导读课课文前设置“预习”，在导读课课文的右边设置“阅读指引”。

第三，初中《语文》的课文根据需要有题注和注释；《中学华文（高级）》的课文没有题注和注释，而是将“关于作者”附在课文后面，生字词的注音在文中用彩色标注，需要重点把握的词语则放在“预习”和“研讨与练习”中处理。

第四，初中《语文》没有像《中学华文（高级）》那样的用以检测学生单元学习过程和效果的“单元自我评价”（“自评与反思”）。

这些不同除了反映出第一语文学习与第二语文学习的差异外，还反映了教材编写背后蕴含的不同教学理念，下文我们将对此逐一进行更为细致的描述和阐释。

2. 助读系统的比较

助读系统指的是教材为帮助学生阅读课文，培养和提高学生的自读能力而提供的一系列材料，包括学习目标，学习重点、难点，课文提示，注释，解题，作者介绍等。这些材料中也会包含一些知识内容，但它们的作用主要不是“授知”，而是“助读”和“导学”，以引导学生更好地学习新知识、训练新能力。

《中学华文（高级）》一下单元五“感受自然”与《语文》七上第三单元“亲近自然”（“四季美景”），单元主题相似，单元学习内容也有相同之处。所以我们以这两个材料为例，就两套教材的助读系统进行比较。

（1）单元导语的比较。

中学华文新教材与人教版语文教材一样，每个单元都有单元导语。

《中学华文（高级）》一下单元五“感受自然”的三篇课文分别是《四月的维也纳》《雨树》《繁星》，它的单元导语是：

大自然的美无所不在。无论是五彩缤纷的小花、千姿百态的雨树，还是满布夜空的繁星，只要你用心感受，就会发现它们平凡的美。本单元的三篇课文将带我们走入大自然，感受自然的魅力。

学习重点

阅读

能理解比喻、比拟的修辞手法

写作

能运用比喻、比拟的修辞手法

能运用首尾呼应的写作方法

听说

能听出与不同辈分的人说话时表达上的差异

能根据不同辈分，采用适当的表达方式

（选自《中学华文（高级）》一下第1页）

单元导语分为两部分：第一部分是对单元课文主题和内容的简要概括；第二部分从阅读、写作和听说三个方面明确提出单元学习重点（即学习目标或学习任务）。

人教版《语文》七上第三单元“亲近自然”（“四季美景”）包括精读课文《春》（朱自清）、《济南的冬天》（老舍）和《古代诗歌四首》，略读课文《风雨》（贾平凹）、《秋天》（何其芳）。写作专题是“文从字顺”。它的单元导语为：

日月经天，江河行地，春风夏雨，秋霜冬雪，大自然生生不息，四时景物多姿多彩。这一单元学习写景诗文。这些诗文以优美的语言，描绘了大自然的美景，抒发了亲近自然、珍惜生命、热爱生活的情怀。

品读优美诗文是一种令人愉悦的精神享受。要全身心投入，反复朗读，在整体感知内容大意的基础上，深入体会作者传达的微妙情感，揣摩和品味富有特色的语言，积累精彩语句。课文中多用比喻和拟人的手法，注意体会它们的表达效果。

［选自人教版《语文》（2013 年）七上第 62 页］

单元导语分为两段：第一段重在概括介绍单元内容主题，突显出浓厚的人文味儿；第二段提示单元学习的要求，突出了对朗读和语言积累的要求。

比较两套教材的单元导语，其作用好像都是向读者概述本单元的主题思想以及单元学习的要求。但它们之间的差异十分明显：华文新教材虽然以人文主题选文组合单元，但单元教学重点指向语文知识的掌握和语文能力的提高，语文教学的本体任务清晰明确；人教版教材的单元导语则“人文性”倾向明显，工具性目标相对隐晦，对教学重点并无精细化的明确强调，导致学习目标相对含糊。

（2）课文导学与注释的比较。

①课文导学。

人教版教材每篇课文之前都有“阅读提示”，《中学华文（高级）》所有课文前面都没有“阅读提示”；《中学华文（高级）》的讲读课课文前有“预习”，而导读课课文不仅有“预习”还在课文的右边设置了“阅读指引”。由于“阅读提示”“预习”和“阅读指引”在教学中对学生都具有导学意义和作用，所以我们统称之为“课文导学”。人教版语文教材的阅读导学，就是课文前的“阅读提示”；新加坡华文新教材的阅读导学，指“预习”和“阅读指引”。

人教版语文教材的“阅读提示”展示于每篇课文的学习之前，通常用以揭示文章主题，引起感情上的共鸣。“阅读提示”大多用贴近学生心灵和情感的话语作为共同的材料，让学生在学习之前做好心理铺垫，对文章的情感主旨有所理解，以便进入阅读学习的佳境。如《春》这篇课文的“阅读提示”是这样的：

这一篇写春的精美散文，不知拨动过多少人的心弦！春的美景、春的气息、春的声响，都通过作者的生花妙笔表现出来了。多读几遍，你一定会进入这美妙的情境中。

［选自人教版《语文》（2013年）七上第63页］

这段阅读提示或能唤起读者对春天的美好回忆、美好向往，把我们带入春天美好的境界中。同时，它也暗示了我们学习本文的方法之一——朗读。

《中学华文（高级）》的导读有“预习”和“阅读指引”两种形式：讲读课和导读课是通过“预习”引导学生掌握课文中的词语和主要内容，复习前面所学的技能；导读课在“预习”之外另加“阅读指引”，以问题或者解说的形式引导学生深入理解课文。自读课课文没有导读，只在课文之后设置了思考问题，以帮助学生掌握课文的主要内容，并运用前面所学的语言技能。

②注释。

人教版教材的“注释”主要展现于文章当页底端，包括文章标题的题注（文章出处、作者简介）、课文中的注释（对文中一些生字词或难以理解的词语进行注音和说明）。

《中学华文（高级）》的注释从出现的位置和内容来看，主要有两种情况：一种是分布在课文中间以不同颜色标示出需要学生掌握的词语，生字词则加上汉语拼音；另一种是置于文章之后的“关于作者”（包括作品的出处）。

（3）助读系统编制的思考。

显然，与《中学华文（高级）》的助读系统相比，人教版初中《语文》的助读系统，无论是单元导读还是课文导学，都更关注人文性，而淡化了工具性目标，注释的形式也相对简单。而《中学华文（高级）》的助读系统的编制则更方便学生自学，当然，这也与华文作为第二语言的学习特点相关。

助读系统是教材单元编制中的基本结构，但助读系统的内容如何选择、如何编排一直颇有争议。过多的助读内容干预，会束缚学生的手脚，有碍学生自主的阅读体验，因而有人主张助读系统的编写应从简。助读内容从简，对于尊重学生阅读的自主性、独立性，形成学生自主阅读体验，发挥学生阅读的创造性无疑是有益的。但对于一些必要的重点指导，还是可以参照新加坡中学华文新教材的做法：在阅读提示保留浓郁的人文性引导激发学生阅读预期的同时，适当强调工具性目标，比如单元导语对工具性目标的要求可以更详尽一些，听说读写上的目标可以清晰列明。这样既能保证学生的阅读自主性不会被削弱，又能帮助学生充分把握语文学习的重点。

3. 练习编写系统的比较

练习是教材为帮助学生掌握语文知识、培养语文能力而有计划提供的各种思考、研讨与训练，严格来说，分为口头练习和书面练习两种形式。练习应该为学生自主学习呈现内容，为教学目标达成提供途径，为检测教学情况提供反馈，因此练习的编写是培养学生听说读写等基本语文技能的最有效的途径，具有很强的工具性。

人教版初中《语文》单元内“阅读”后面的“写作”和“综合性学习”也都是语文实践活动，应该属于练习内容。所以，我们这里所说的“练习”，对于人教版语文教材来说，不仅指与阅读教学相配的“研讨与练习”和“读一读，写一写”，还包括部分单元内部的写作实践和综合性学习活动。

《中学华文（高级)》的练习主要分布在课文之后的“研讨与练习”（讲读课和导读课称为“研讨与练习”，自读课称为“思考与练习”）、讲读课后面的“听说天地”和单元最后的“综合任务”三个板块。

（1）人教版的练习编写。

①研讨与练习。

这个板块主要考查学生对文章内容的整体认识。如七上第一单元第一课《散步》中的“研讨与练习”：

一、本文的题目《散步》是从文章主要事件的角度来确定的，你觉得这个题目好吗？请你换一个角度为本文拟一个题目，并说说你的理由。

二、“我蹲下来，背起了母亲，妻子也蹲下来，背起了儿子……但我和妻子都是慢慢地，稳稳地，走得很仔细，好像我背上的同她背上的加起来，就是整个世界。”说说你对这段话的理解，并与同学交流。

三、找出课文中两处景物描写，结合上下文仔细品味，说说它们在文中所起的作用。

四、课文中多处运用对称式的句子，如例句所示。请再画出两处这样的语句，说说这样写的好处。

［选自人教版《语文》（2013 年）七上第 4 页］

可以看出该板块中第一、第二题都属于理解、再认、说明、评判类问题，占 50%，在其他课文中甚至超过 50%，这说明人教版教材更注重对文本内容的领悟，关注学生情感态度和价值观的培养。第三、第四题都属于对课文的语文知识运用的理解问题。

②读一读，写一写。

这个板块则是罗列每课需要重点掌握的生字词，以便学生进行词汇的日常积累。

③写作。

以每个单元课文的主题（话题）为依托对学生进行写作训练，它表现出来的突出特点就是与阅读单元相联系。例如七上第一单元的阅读专题为“亲情”，写作专题是“从生活中学习写作”，与之相配的是“写作导引”和“写作实践”。“写作导引”指导学生观察生活、感受生活、写自己熟悉的生活，其中的阐释引用了单元中的课文；“写作实践”要求学生从生活体验中思考取材，表达真情实感。

“写作导引”更多是讲与写作有关的道理，而非指导写作的技能和方法。

④综合性学习。

综合性学习以课文内容为话题，课内与课外相结合，开展多种形式的语文实践活动，强调活动的综合性和实践性。2013 年人教版初中语文教材的综合性学习调整为两个单元安排一次，这样，口语交际训练也随之减少了一半，训练强度亦大为降低。

（2）《中学华文（高级）》的练习编写。

①研讨与练习。

如果说“预习”是为了帮助学生积累词语、理解课文，那么“研讨与练习”这个板块的设计就是为了具体落实本课的阅读学习目标，即随文学习有关的语文知识，并引导学生学以致用。从每个单元来说，每篇课文后面的练习都有明确的落实目标的“分工”与“合作”，继续以《中学华文（高级）》一下单元五为例来说明。

讲读课《四月的维也纳》的“研讨与练习”部分共有三道题：

第一题对应阅读学习目标“能理解比喻、比拟的修辞手法”，先结合课文中的句子阐释“比喻”，并列出明喻中的喻词和例句、暗喻中的喻词和例句。然后练一练，对判断给出的 4 个句子运用了哪一种比喻，并指出它们的本体、喻体和喻词。

第二题对应阅读学习目标“能理解比喻、比拟的修辞手法”，先结合课文中的句子阐释“比拟”。然后练一练，先从课文中找出两个拟人句，把它们写下来；再判断给出的 3 个句子是否运用了拟物修辞。

第三题——“四月的维也纳使作者明白了生命的意义是勇气。结合生活，谈谈你对这句话的理解”，显然，是要结合课文内容对学生进行情意培养。

导读课《雨树》的“研讨与练习”是四道题（三部分）：

第一、第二题对应的不仅是阅读学习目标“能理解比喻、比拟的修辞手法”，还有写作目标“能运用比喻、比拟的修辞手法”。不同于讲读课后的“研讨与练习”，这两题不是停留于对比喻、比拟修辞手法的理解，而是在理解比喻、比拟修辞手法的表达效果和特点的基础上，让学生练一练：“根据要求，各造一个明喻句和暗喻句”（第一题）；“根据表格中的要求，各造一个拟人句和拟物句”（第二题）。以此，将“阅读”目标和“写作”目标综合在一起，将知识转化为运用表达能力。

第三题对应的是“写作”目标“能运用首尾呼应的写作方法”。在题干中先简要阐释首尾呼应写作手法；再以课文中的句子具体说明，并强调首尾呼应的写作手法须注意的两点；最后练一练：阅读短文，根据开头写一个和它相呼应的结尾。

第四题是根据课文《雨树》的中心句来设置的（问题右边附有“铃铛小人”图标）：“课文中有这样一句话‘雨树和他的这些孩子们，不就是像新加坡与新移民一样吗？包容、接纳、齐心、奉献，大家一起为美化家园共同努力。’你对这句话有什么看法？为什么？”此题旨在结合课文的主题培养学生的情意品德，体现新加坡华文教育的人文性。

自读课《繁星》的“思考与练习”共有五道题。

1. 作者以繁星为线索，根据时间顺序，写出不同地点看到的不同繁星。根据课文的内容，将答案写在横线上。

段落	时间	地点	如何形容
1			看到的是____________的星。
2			看到的是____________的星。
3			看到的是____________的星。

2. 作者用什么来比喻星星，写出文中比喻句。

____

3. 判断下面哪些句子是比拟句，在相应的格子里打√。

①下面是一片菜园，上面是星群密布的蓝天。 □

②深蓝色的天空上悬着无数半明半昧的星。 □

③我仿佛看见它们在对我眨眼，我仿佛听见它们在小声说话。 □

④在星的怀抱中我微笑着，我沉睡着。 □

4. 作者在课文中运用了“首尾呼应”的写作手法。重新阅读开头和结尾，把首尾呼应的句子写出来。

①开头的句子：____________________

②结尾的句子：________________________

5. 作者爱繁星，反映出他对大自然和母亲的爱。你最喜欢下面的哪一个句子，为什么？

①我爱月夜，但我也爱星天。

②我爱看天空中密密麻麻的繁星。

③在星的怀抱中我微笑着，我沉睡着。我觉得自己是一个小孩子，现在睡在母亲的怀里了。

（选自《中学华文（高级）》一下第 29 ~ 30 页）

第一题是在引导学生对课文内容和结构的理解，第五题将学生对作者情感和文章主题的理解引向深入。第二、第三、第四题则清楚地对应单元学习重点，对前面讲读课和导读课所学的语言技能进行运用、巩固。

②听说天地。

“听说天地”是落实单元听说目标的重点模块，配有数码教材。这个板块同样以“先例，后说，再练”的顺序对听说能力进行训练。《四月的维也纳》的“听说天地”共有两道题（两部分）。

第一题先说明“在日常生活中，当我们听不同的人说话时，应注意他们在称呼和语气上的差异”，重点在于单元听说目标之一“能听出与不同辈分的人说话时表达上的差异”。

事项	对象	
	同辈	长辈
称呼	直呼对方的名字，或用“你”	以辈分称呼，或用“您”
语气	说话时比较轻松随意，直截了当，有时会用反问的语气	对长辈提出的问题直接回答，谨慎有礼，一般用肯定、客气的语气

再以录音里的两段对话为例，以领略录音中“国强和同学，以及国强和奶奶对话时，在称呼和语气上的差异”。

事项	对象	
	同辈	长辈
称呼	“文祥”或“你”	奶奶或“您”
表达语气的句子	累死了…… 干吗这么紧张？ 别啰唆，走吧！	您别紧张…… 您放心吧…… 我有分寸，只玩一会儿。

最后，听两段对话，“分辨男生所使用的称呼和语气，然后判断说话者之间的关系”。

对话一：

称呼	
表达语气的句子	

说话者之间的关系：

对话二：

称呼	
表达语气的句子	

说话者之间的关系：

第二题举例说明“说话时，要根据对方的辈分，采用适当的表达方式”。显然，这对应的是单元学习目标中听说目标之二。

事项	对象
	行政经理
称呼	刘先生，您。
表达语气的句子	打扰您了！ 请问我该这么办？ 谢谢您的提醒，再见。

这里的“说一说”，要求根据情境进行角色扮演，展开对话。

一个星期后，你接到通知，有人将易通卡送到了学校办公室。放学后，你去取易通卡。到了办公室，你又看到刘先生，他正忙着打电话，你会如何求助？

事项	对象
	行政经理
称呼	刘先生，您。

（续上表）

<table>
<tr><td rowspan="2">事项</td><td>对象</td></tr>
<tr><td>行政经理</td></tr>
<tr><td rowspan="2">表达语气的句子</td><td></td></tr>
<tr><td></td></tr>
</table>

（选自《中学华文（高级）》一下第 11～14 页）

与中国汉语母语教学不同，作为第二语言的新加坡中学华文教学更加重视口语交际能力的教学，“听说天地”是华文新教材的特色。而且，很显然，这样的说话训练，在训练学生听说能力的同时，渗透了对学生的礼貌教养。

③综合任务。

“综合任务”包括三个板块——“读一读”“写一写”和“单元自我评价”（不属于练习）。其中“读一读”和“写一写”是针对单元导语中的单元目标而进行的整合训练。

读一读

1. 判断下面的句子是比喻句还是比拟句，在相应的格子里打√。

	比喻句	比拟句
流水像一个不知疲倦的歌手在欢唱着。	□	□
流水不知疲倦地欢唱着。	□	□
今天天气很冷，小树像个在寒风中发抖的病人。	□	□
今天天气很冷，小树在寒风中发抖。	□	□
他像一阵风似的转眼就不见了。	□	□
她的脸像苹果一样鲜红美丽。	□	□

2. 以“时间”为本体，各造一个比喻句和比拟句。

写一写

在假期里，发生了一件意想不到的事。运用本单元所学的写作技能把这件事写下来。

（选自《中学华文（高级）》一下第 31 页）

从以上《中学华文（高级）》第五单元的练习编写设计来看，练习在形式上多种多样，包括判断、填写表格、选择、讨论、演绎、利用资讯科技等，而且难度由浅入深，循环巩固，有利于学生语言能力的形成。

（3）练习编写系统的比较。

从人教版《语文》的练习编写设计来看，“研讨与练习”的编排几乎完全围绕课文展开，而且更多地考查学生对课文内容、作者情感、文章笔法的理解认识。

与人教版《语文》相比，《中学华文（高级）》的练习编写设计亮点颇多。首先，“研讨与练习”不是一味地对课文内容进行讨论和探究；其次，在版面的设置上，“研讨与练习”占每篇阅读课文70%或以上篇幅，与课文紧密联系，从“听、说、读、写”四个方面开展阅读理解、文字积累、写作和口语交际活动，实现听说读写的整合，注重学生学习方式的多样性；再次，练习量充分且全面，练习题的题型新颖、多样，不仅有阅读题，还有填空、连线、听录音等题型。

从人教版《语文》与新加坡中学华文新教材练习系统的比较中，我们认识到人教版语文教材中的练习配置要注意“三性”：

一是题型的多样性。练习题的题型应当力求新颖、多样，并且尽可能贴近生活中语言运用的实际。比如应该多设置一些选择题、填空题，多设置一些书面练习等。只有这样才能更好地吸引学生学习，也才能全面训练学生的各种能力。人教版语文教材不妨在练习内容的安排上借鉴新加坡中学华文新教材，恰当地分配知识、能力、过程方法、情感态度、价值观的题量，尤其是知识类和语文技能训练类题目。应给予充分的重视，规划高效的程序性及策略性知识运用题。当然还要合理分配每个方面的训练量，使阅读、写作、口语交际的训练在课后训练系统中达到一个相对和谐的比例，使三者之间相辅相成，整体提高学生语文素养。

二是要求的递进性。无论是消化基础知识，还是培养技能技巧，总得由简到繁，由易到难，由简单到复杂，循序渐进，体现出作业内容和要求的递进性。练习题在设置上应有反复性，对于某个知识点可以梯度地出现不同类型的题目，对学生进行反复训练。同时，还应根据题目自身的难易程度来安排合理的完成方式。什么样的题目适用于自学，什么样的题目需要合作完成，什么样的题目需要进一步的思考、探究，这些都要充分考虑。

三是配置的灵活性。作为第一语言的汉语母语教学，还应针对学生的实际和教学要求的不同，灵活安排课内与课外作业，避免整齐划一的“一刀切”，加重学生的作业负担。

三、“同篇异构”的分析研究

为了更清楚详尽地让大家了解两套教材在助读系统和练习等内容编写方面的异同，下面我们以人教版初中《语文》与新加坡《中学华文（高级）》的

“同篇异构”研究来做更进一步的阐释。

借用“同课异构”的说法，所谓“同篇异构”，是指同一文本被不同语文教材选用，因教材编写体例、编写思路不同而呈现为不同的教学内容，承担不同的教学功能。

“教材改革是语文教育改革的中心环节，也是落实课改要求的基本保证。”“任何一套教材，都受一定的教育思想支配，反过来说，任何一种教育思想，都必须通过教材才能发挥作用。”[①] 研究同篇异构，就是要通过对比分析不同教材中共同的选文的不同编写内容、思路，探求其不同的语文教学思想。正如学者钟峰华所说：“比较同一文本在不同教科书中的不同设计，对于贯彻和落实新课标的精神、领会教科书编写者的意图、深入分析和把握选文乃至理性地审视教科书编写中存在的一些问题，具有十分重要的作用。”[②]

为了更好地阐释人教版语文教材和新加坡中学华文新教材所体现的语文教学思想，我们特选取了两套教材中的共同选文《风筝》进行同篇异构分析。通过比较两套教材中的共同选文，探讨两套教材课文编写的异同，以拓宽中国语文教育工作者的眼界。下面我们从课文、课文助读系统、课文练习系统的编写方面进行比较分析。

1．课文的编写

新加坡中学学制为四年，第一教学语言是英语。中国九年义务教育规定初中学制为三年，中文是第一教学语言。因此两个国家的学生学习华文（中文）的起点是有所差异的。同一学龄段相比，中国学生在中文学习方面所表现出来的对文本的理解和接受能力要比新加坡学生强一些。

由于授课对象学习华文的基础不同，新加坡中学华文新教材将《风筝》选入《中学华文（高级）》二上第四单元，而人教版教材将《风筝》选入初中《语文》七上第五单元。

（1）单元选文的组合。

在《语文》和《中学华文（高级）》两套教材中，和《风筝》一起组合成单元的选文在主题和体裁上不尽相同。具体情况如表4－2所示：

---

① 周正逵. 语文教育改革纵横谈. 北京：教育科学出版社，2013：引言.

② 钟峰华. 高中语文新课标教科书相同文本不同设计的比较——以《雷雨》为例. 语文建设，2006（1）.

表 4－2　单元选文组合

教材	单元选文	单元主题	作品体裁
《语文》	《羚羊木雕》	亲情	散文
	《散步》		散文
	散文诗两首：《金色花》《纸船》		诗歌
	《世说新语》两则：《咏雪》《陈太丘与友期》		文言文
《中学华文（高级）》	《水晶包》	学会包容	散文
	《花盆里的风信子》		

通过表格可以看出，《中学华文（高级）》是兼顾单元主题和作品体裁进行单元组合的，体现了教材工具性和人文性的统一；而《语文》则把体裁不同却有相似主题的作品进行组合，更加注重人文性。

（2）对原文的处理。

《语文》将《风筝》选编进课本时，对原文未作删减改动。保持文章原貌，有利于学生更加直接地品味文章，体现感悟的完整性，但是增加了学生的理解难度，需要老师的指导帮助。

《中学华文（高级）》对《风筝》进行了删减改动。主要对原文的三个段落进行了删减：第一段，“北京的冬季，地上还有积雪，灰黑色的秃树枝丫杈于晴朗的天空中，而远处有一二风筝浮动，在我是一种惊异和悲哀”。第二段，删去了“故乡的风筝时节，是春二月……四面都还是严冬的萧杀，而久经诀别的故乡的久经逝去的春天，却就在这天空中荡漾了”。最后一段，删去了“现在，故乡的春天又在这异地的空中了……但是，四面又明明是严冬，正给我非常的寒威和冷气”。或许是考虑到新加坡的气候特点，删去的是涉及描写冬天的文字。至于改动，《中学华文（高级）》把原文中第四段改为两个段落，这样把较长段落一分为二，有助于学生阅读。

2．课文助读系统的编写

这两套教材的助读系统，主要由单元导语、课文导学、注释等构成。下面我们就《风筝》这篇课文的助读系统进行详细的比较分析。

（1）单元导语。

《语文》七上第五单元只有单元导语：

浓浓亲情，动人心弦。亲情是人间真挚而美好的感情，描写亲情的诗文往往最能打动人。在本单元这几篇课文中，作者以自己的切身体验，写出了亲情的丰富和多样，引起我们的共鸣。

学习本单元，要在整体感悟课文内容的基础上，注意语言的积累和写法的借鉴，并学习朗读和圈点勾画。

［选自人教版《语文》（2004 年）七上第 111 页］

《中学华文（高级）》二上第四单元的单元导语，分为单元解说和单元学习重点两部分。

学会包容

在与他人相处时，我们要学会站在他人的角度思考，不能只顾及自己的感受。通过本单元的三篇课文，我们不难发现，多一些体谅，就会少一些埋怨和不满；多一分包容，就会少一分自责和遗憾；多一点理解和信任，就会少一些冲突和对立，从而开启新的人生。

学习重点

阅读

能理解语言描写的作用

能理解反问的修辞手法

写作

能运用语言描写刻画人物性格

能运用反问的修辞手法

听说

能通过说话者提出问题的方式，听出说话者的观点和用意

能针对话题，以设问或反问表达自己的看法

（选自《中学华文（高级）》二上第 93 页）

与《中学华文（高级）》相比，《语文》的单元导语没有明确主题词，但第一段点出了“亲情”是本单元的主题；没有明示单元“学习重点”，只在第二段提出了本单元的学习重点。而《中学华文（高级）》的单元导语有明确的主题“学会包容”，并概括介绍了本单元三篇课文的主要内容和思想，以利于学生整体把握本单元课文的主旨。与《语文》的单元导语不同的是在单元解说之后，《中学华文（高级）》还明确地从阅读、写作和听说三个方面列出了本单元的“学习重点”，三个方面的学习重点既分工明确又紧密联系。清晰明了地列出学习重点，便于学生掌握学习方向，当然，如果处理不当也容易使学生过于偏重学习重点而对文本感悟不全面。

比较两则单元导语可以发现，《中学华文（高级）》和《语文》呈现出不同的教学目标和重点。《中学华文（高级）》把主要的教学目标和重点放在

“教会方法”和“学会运用”上；而《语文》的教学目标和重点更倾向于对文本的感悟和对作者所表达的情感的理解体会。更明确地说，《中学华文（高级）》倾向于把《风筝》作为一个“工具”，或者说例子，通过它让学生更加具体地学习语言描写的方法；《语文》则倾向于把《风筝》作为一个“载体”，通过它让学生理解“亲情”这一主题的人文内涵，以及使学生得到一种感悟、一种教益，这种教益往往是思想层面上的。笔者认为从语文课程的目标出发，在教学《语文》时可以参照《中学华文（高级）》的做法对现有的关注点进行相应的调整和补充，也就是说除了关注文本语言承载的人文内涵外，还应对其工具性进行更深层次的挖掘和明确，使学生进一步了解作者是如何表达亲情的，从中我们可以学习具体的表达方法和技能。

（2）课文导学。

课文导学，也称课文提示或预习、预习提示。

《语文》的《风筝》课文导学以导语的形式出现：“在温馨与和美中有亲情，在误解和冲突中也有亲情。本文讲述的就是这样一个故事。”这段导语承接单元导语，简单介绍了本课内容。简单的两对词语“温馨与和美”“误解和冲突”设置了悬念，引起了学生的好奇心，有利于调动学生的学习兴趣。但对于这篇课文学什么、怎么学，均未做出提示。

《中学华文（高级）》的《风筝》课文导学则在正文开始之前以“预习”和“阅读指引”的形式呈现，主要围绕本单元的学习重点和文本的内容做出引导，详细具体，让学生初步自学。我们先看“预习”：“1. 理解下面句子中画线部分的意思，然后从段落中找出相应的词语，写在格子里。”这题让学生进行新旧词语替换，教会学生积累词语的方法。“2. 从课文中找出使用反问修辞手法的句子，写在下面的横线上。”这题是根据单元学习重点提出的。“3. ‘我’为什么希望得到弟弟的宽恕？‘我’得到宽恕了吗？为什么？”这题是立足文本内容提出的，学生通过阅读解决问题，也就意味着对课文所讲述的故事有了大概的把握。如此“预习”，为学生的词语积累、能力训练和内容理解进行了铺垫。表格填空题、横线填空题和问答题，预习中多样化的题型组合也可以激发学生的学习兴趣。

所谓“导学”或者“提示”，应该是把对方没有想到或想不到的提出来，引起注意。《语文》的课文导学多从课文内容、主题、写作特点、语言特点等方面进行总结或介绍。这样的引导、提示，如果内容比较全面、具体，恐不利于学生独立阅读，教科书中的课文提示应尽量避免直接向学生提供那些通过阅读才能够获得或者经过思考才能够感悟的信息或内容。以此思考比较以上两个课文导学，《中学华文（高级）》的“预习”不但在引导学生学习新知识、训练新能力方面有具体明确的提示和呈现，而且在内容理解上也是抓住关键问题引起学生注意（并不是直接提供编者的思考结果）。三项预习形成一个整体，还教给了学生学习方法，有助于学生养成良好学习习惯。

除了“预习”，《中学华文（高级）》在文本的右边设有“阅读指引”，这是编者依据故事发展顺序设置的一些问题以帮助学生理解课文。例如：第九段针对文中“我还能希求什么呢？我的心只得沉重着”。“阅读指引”设置了问题：“‘我’的心为什么只得沉重着？”学生要解决这个问题就需要联系上文的内容并且对上文内容有所理解。这样通过提出问题指引学生阅读，可以降低学生自主阅读的难度，引导学生了解故事情节发展，培养其独立学习的习惯，相对也降低了教师在实际教学中的教学难度。更重要的是，解决问题的过程就是锻炼学生语言理解能力的过程。

需要特别说明的是，《风筝》在《中学华文（高级）》中作为导读课文，课文导学语比在《语文》中作为精读课的《风筝》多而且详细，这似乎没有什么可比性。但在《语文》的略读课中，课文导学语也是较《中学华文（高级）》的导读课少且简单。例如：同一单元的略读课文《散步》，《语文》的课文导学就只有课前导语和课下注释。

（3）注释。

《语文》的注释以脚注的形式出现，注明了文章的出处、词语的读音和语义解释，除了对“丫杈”和“风轮”这两个学生新接触的词语进行注释，主要对课文中一些与现在写法不一样的词语做了注释，如：“那里—哪里，他—它，发见—发现，胡蝶—蝴蝶，偶而—偶尔”。这些课文注释对学生阅读文本和理解课文有所帮助。

《中学华文（高级）》则没有课文页面下的脚注，而是在文中以不同颜色标注的形式给一些生字标注了汉语拼音，并在文章后面附上“关于作者”，极简要地介绍了鲁迅及其主要作品以及文章的出处。

课文的助读系统要达到的目的是帮助学生更好地理解课文的内容及其表达。《中学华文（高级）》的课文助读系统较《语文》的更加完善，完善的课文助读系统有利于引导学生自学课文。尤其对于文本语言比较难懂的课文，适当细致的课文助读可以更好地拉近学生与作者之间的距离，提供阅读角度和掌握阅读技巧。当然，对于具备了一定阅读能力的中国初中学生，尤其是语文素养较好的学生而言，《语文》的助读系统有利于发挥和培养学生学习的自主性和主动性。所以并不是说《语文》的助读系统就没有可取之处，归根到底，课文的助读系统还是要根据学生的语文程度进行编写。

3. 课文练习系统的编写

课文练习系统，也称课文作业系统或语文实践系统，“指的是教材为帮助学生复习、巩固语文知识，培养提高语文能力而有计划的各种思考与练习”①。课文练习系统的编写最能反映教材编写者对单元教学目标的落实、对课文教学功能的理解，甚至也最能反映教材编写者对语文课程性质和语文教学目标的认识理解。《语文》与《中学华文（高级）》对《风筝》一文的编写最大的不同也恰恰反映在课文练习系统的编写上。

课文练习系统是一个庞大且复杂的系统，包括课本内练习（即“研讨与练习”）和课本外练习。这里所比较分析的练习系统，仅限于《风筝》课文后面的“研讨与练习”。

《语文》“研讨与练习”共有4项：

一、有感情地朗读课文，回答下列问题：

1. 作者看到“远处有一二风筝浮动”，就感到“惊异和悲哀”，这是为什么？

2. 文中所说的“对于精神的虐杀的这一幕”，具体指什么？

3. “我还能希求什么呢？我的心里只得沉重着。”表达了作者一种什么样的心情？

二、课文中说：“游戏是儿童最正当的行为，玩具是儿童的天使。”你小时候也做过许多游戏，玩过不少玩具吧？选一个你最难忘的说给同学听听。

三、下面几段文字，也是回忆儿时放风筝的。试与课文比较，说说它们所蕴含的情感有什么不同。

（注：选择比较的文段是《满天的风筝》，作者周粲。此处略）

［选自人教版《语文》（2004年）七上第115~117页］

此外，还有一项，就是主要针对生字词积累的“读一读，写一写”。

总体来说，除了第二题针对学生口头练习（设置“说话”的内容范围，连“受众”也明确了），第一题和第三题均旨在引导学生理解文章的内容。

《中学华文（高级）》的“研讨与练习”有两道练习题和一道研讨题，练习题遵循重视基础和“先例后练”的编写原则呈现：

1. 运用语言描写刻画人物性格，就是通过人物的对话或独白，使读者能看出说话者的性格特点。

什么样的人说什么样的话。因此人物语言要符合人物的身份、年龄、性别及职业特点。

---

① 阎立钦. 语文教育学引论. 北京：高等教育出版社，1996：88.

例如：课文《水晶包》中的人物语言能根据人物的不同年龄和身份，表现出人物的性格特点。

段落	人物身份	语言描写	性格特点
1	妻子	妈又下楼去了！	文中的妻子有一点任性，她的话包含着委屈和埋怨
2	丈夫	我下楼去找。	丈夫又要工作，又要兼顾妻子与母亲，他的话里含有一丝无奈，但同时也表现了他对家人的关心与体贴
9	儿子	妈，您等着， 我再去给您买去。	儿子在进行了自我反省后，用一句简单的话表现了对母亲的爱，表现了他知错能改的性格特点

练一练

根据课文第二至第三段的情景，写一写发现弟弟在小屋中做风筝时，“我”和弟弟之间的对话。注意两人的话要符合各自的身份和性格。

我：________________

弟弟：________________

我：________________

弟弟：________________

我：________________

弟弟：________________

2. 在文章中适当运用反问句的修辞手法，可以加强语气，强化感情，使文章内容更有吸引力。

我们可以这样把陈述句改写成反问句：

①在陈述句中，加入表示反问语气的词语，如何尝、何必、难道、哪里、怎能、什么、岂能等。

②在陈述句句尾，增加表示疑问语气的词语，如呢、吗等，句尾用问号。

例如：

陈述句：完全忘记，没有一点怨恨，也就谈不上宽恕了。

反问句：完全忘记，没有一点怨恨，又有什么宽恕可言呢？

练一练

把下面的句子改成反问句。

这么简单的道理他当然明白。

____

故乡山清水秀，景色优美，令人十分怀念。

____

我也很想去看这部精彩的电影。

____

3. 你对“我”年少时对弟弟的方式有什么看法？为什么？

（选自《中学华文（高级）》二上第 111 ~113 页）

比较而言，《语文》的“研讨与练习”更加注重引导学生对文本的鉴赏。例如：“作者看到‘远处有一二风筝浮动’，就感到‘惊异和悲哀’，这是为什么?”针对文本的内容提出问题，对学生阅读文本、体会感情的能力要求较《中学华文（高级）》更高。《中学华文（高级）》的“研讨与练习”，重在以课文为例，指导学生在理解课文基本内容的基础上，学习语文的运用。

《中学华文（高级）》的“研讨与练习”在指导学生运用语文方面呈现出两个突出特点：

第一，重视口语训练。《语文》的口语训练题目有明确的交流话题，但是没有具体的指导方法，综观全册缺乏整体的训练计划；《语文》的口语训练内容也有联系生活实际，但是其训练的最终目的更倾向于对文本思想内容更深层次的理解和把握。《中学华文（高级）》的第一题虽然没有明确对学生提出开口说话的要求，但是当学生能够填写横线内容时，其实已经完成了“说话”的思考和呈现这一过程。综观《中学华文（高级）》整套教材，每个单元都有明确的口语训练主题，既结合文本内容提出说话内容，同时也联系实际生活对说话内容进行创新和补充，注重实际运用功能；每篇课文的课后口语训练有具体的训练指导，包括范例和方法。其口语训练的统筹安排和实用功能远远大于《语文》。建议《语文》参考《中学华文（高级）》的口语训练设置，统筹安排口语训练，在题目中给出适当的范例作为参考，既尊重学生学习的主体地位，又能帮助其有质量地完成口语训练，训练其规范的社交语言能力。

第二，“研讨与练习”对应单元学习重点。“研讨与练习”的第一、第二题紧扣单元学习重点，每一题对应一个学习重点，而且题目先对语文专业术语（如：语言描写、反问）进行了简短解释和例说，然后再让学生“练一练”。

总之，新加坡的华文新教材是为了教会学生运用汉语言而编写的，新加坡中学华文新教材的编写，具有语文基础知识教学确定、语文基本能力训练落实、课文学习提示指导性强、“研讨与练习”的训练目的明确且有条理等特点。这样的教材便于语文教学，突显了语文的实践性，因而借鉴学习新加坡教材，有助于我们改进语文教学，提高培养学生语文能力的实效。

《中学华文（高级）》与人教版《语文》同篇异构的课文还有《秋天的怀念》《乡愁》《纸船》《敬业与乐业》等。此外，还有与中国高中语文教材同篇异构的课文《荷塘月色》《项链》《念奴娇·赤壁怀古》等。如果进行更多的同篇异构的比较，或许我们还会有更深刻的认识。

四、新加坡中学华文新教材中的“评价”

《中学华文课程标准 2011》在“评价建议”的开篇首段中，有这样几句话：“评价是教与学不可分割的组成部分，是学生学习表现的证据。评价除了具有甄别与筛选的作用外，还具有诊断、反馈和促进学习等功能。为了提高教与学的效益，教师需要通过多元化的评价方式，根据评价结果改善教学。”① 细细读来，颇耐人寻味。它清晰地告诉我们：评价始终是教与学的一个重要环节，更重要的是，评价并不意味着教与学的结束，而是由此有了改善教学的依据，有了提高教与学效益的可能。关于“形成性评价”和“终结性评价”二者的关系，“华文新课标”认为“形成性评价”应是日常评价中的主要手段，而“终结性评价”则是在前者的基础上进行的，能够全面评定学生的学习成效，两种方式的评价最终都是为了改善教学、促进学习。

1. 新加坡中学华文新教材中的评价系统及其特点

与中国语文教材不同，新加坡中学华文新教材的编写者们严格依照《中学华文课程标准 2011》的理念和要求，在华文教材中加入了评价系统，即在每个单元后设置学生自评量表，一部分学习内容后还设置了同侪互评量表，借助这些方式，一定程度上落实了教学过程中的形成性评价。具体来看，华文新教材按照语言能力等级分为华文（基础）、华文（B）、华文（普通学术）、华文（快捷）和华文（高级）五种，各个层次的教材都在单元前分读、写、听、说四个方面明示本单元的学习目标，并在单元后设置自评板块，以表格的形式，在纵列复现本单元的学习目标，在横列设三到四级量值，由学生用打“√”的简单方式，自行判断各项学习目标的掌握情况，除此之外，教材还进一步地引导学生思考这样打“√”的原因。

---

① 新加坡教育部课程规划与发展司．中学华文课程标准 2011．新加坡教育部，2010：32.

一、利用下面的表格，想一想自己学得怎么样。在你认为适当的空格内打√。

	技能	学习成效			
		全部能准确运用	大部分能准确运用	部分能准确运用	少部分能准确运用
读	能理解肖像描写和行动描写的作用				
写	能调动五官感知来进行描写				
听	能从上下文听出事情发展的前因后果				
说	能针对见闻表达自己的感受				

二、说一说你这样打√的原因。

（选自《中学华文（快捷）》一上第78页）

综合考察这五套华文教材，李平在《新加坡中学华文课程标准及教材中“评价”元素的考察及启示》一文中，将新加坡中学华文新教材的评价系统特点概括为以下几个方面：①

（1）学习目标明确，自评呼应目标。

自评的顺利开展，离不开目标的明确设定。我们可以发现，华文新教材中所呈现的学习目标均属于语言方面的技能。出于第二母语的特殊地位和要求，华文课程总目标首先是加强语言交际能力，其次才是提高人文素养和提高通用能力。由此，华文课程“按照听说读写的能力要求，将中学阶段的语言能力等级分为三至七级。不同课程必须达到各自的语言能力等级，每个等级都包含一定数量的目标与学习点，使华文课程本着难易有序、螺旋上升的原理构成一个完整的体系”。因此，新加坡中学华文新教材能够以序列性的知识为体例，“建构循序渐进、完整连贯的语文教学学习内容和能力训练”②。一旦学习目标

① 李平．新加坡中学华文课程标准及教材中“评价”元素的考察及启示．中学语文教学参考．2016（5）．

② 黄淑琴．强化程序性知识，指导学生语文实践——新加坡中学华文新教材的启示．湖南第一师范学院学报，2015（2）：32．

是清晰、可量化的，相匹配的评价量表便应运而生了。如第三章中表3－3、表3－4所示，新加坡中学华文新教材每个单元的学习目标都不相同，自评量表只需对学习目标加以回顾式的总结，学生便可以对照自评量表，有意识地对自己的学习成效加以评价和反省。

（2）立足学生学情，自评由浅入深。

自评的有效实施离不开学生的易于接受。在新加坡，学生之间的文化背景和语言能力具有较大的差异性。因此，新加坡教育部组织编写五套教材，便于学生根据自己的语言水平选择适合的课程。在这五套教材中，同是自评，具体使用什么说法，让学生评到怎样的程度，编写者们做了灵活的处理。

首先，自评板块采用不同的命名。《中学华文（基础）》《中学华文（B）》的自评板块被命名为“自己评一评”，《中学华文（快捷）》和《中学华文（普通学术）》则是“我学得怎样?”到《中学华文（高级）》就变成了“单元自我评价”，不仅所使用的词语一个比一个书面化，我们甚至能够感受到文字背后的编者意图也一步步地从循循善诱升级到了严谨求实。

其次，表格横向量值采用不同的说法。前两种教材使用脸部表情小图案来依次表示“能够做到”“部分做到”“还未做到”，不仅用生动的形象促进学生接受，所用词汇中也没有复杂的程度副词；《中学华文（快捷）》和《中学华文（普通学术）》则用“全部”“大部分”“部分”“少部分”这样稍为复杂的程度副词组合“准确运用”四个字来表述；到了《中学华文（高级）》，量值部分便成了“可以做到”“大致上可以做到”“还需要努力”“需要帮助”这四项，出现了“需要努力”“需要帮助”这样带有自省和求助意识的字眼，对学生的华文思维能力显然有了更高的要求。

最后，随语言水平的提升，要求学生自评的程度也逐渐加深。比如《中学华文（快捷）》一、二年级教材在打“√”之后，还要求“说一说你这样打√的原因”，到了三、四年级，这个问题便改成了“你在哪一方面需要帮助?请具体说明”。其意图显然同《中学华文（高级）》量值部分的处理是一样的，都希望学生不仅能够学会自我评价，更要善于反省自己的学习状态，进而能够将自己的不足总结出来，向他人求助，以取得更大的进步。

可以说，仅上述三项看似微不足道的细节处理，便足以看出新加坡中学华文新教材编订者们在立足“生本”上的良苦用心。

（3）结合训练重点，评价方式灵活。

除了每单元后面都有根据单元学习目标设立的自评量表外，新加坡中学华文新教材还根据不同阶段的训练重点，灵活地设置了其他的评价量表。比如《中学华文（基础）》的学习重点在于培养学生的口语交际能力，在每一次听说课的说话练习后，都设置了同侪互评量表，通过这种方式，鼓励学生之间就学习情况进行正面、积极的互相评价。

你的同学可以根据你的表现，利用以下表格在适当的格子里打“√”，并说一说值得称赞和需要改进的地方。

________能够 （名字）		表现		
		很好	还不错	还需要多练习
1	说出生活中一件“给予是快乐的”事			
2	清楚地讲述事情的经过			
3	清楚地说出自己的感受			
建议： 填写者：________				

（选自《中学华文（基础）》二下第 11 页）

《中学华文（高级）》是对学生综合语言技能要求最高的课程，在每一册的最后还设置了专题研习板块，这一板块结束后同样有自评表格，要求学生审视自己各个重要研习环节的学习成效。

你学会如何拟出大纲、完成专题报告和交流评价了吗？在下列表格适当的地方，用“√”表示你的学习成效。

专题研习技能	可以做到	大致上可以做到	还需要努力	需要帮助
我能拟出大纲				
我能完成专题报告				
我能与同学交流评价				
我最满意的部分：				

（选自《中学华文（高级）》二上第 128 页）

事实上，除了教材灵活设置评价量表之外，新加坡华文教师还可以在实际教学过程中，根据每一节课的学习目标或训练要点，具体制定相关的评价量表，这些量表或交与学生自评，或由同侪互评，其共同目的都是为了促进学生学习，实现教学效果。

从单元目标的设置到单元学习自评表的设置，新加坡中学华文新教材的编写向我们展示了如何实现“学、教、评一体化”。

2. 新加坡中学华文新教材的评价系统对中国语文教材编写的启示

中国新课程改革启动至今已有十七年，以过程性评价改善教学，建立有利于促进学生全面发展的评价体系早已成为时代的呼声和人们的共识。2011 年颁布实施的《义务教育语文课程标准（2011 年版）》在 2001 年《全日制义务教育语文课程标准（实验稿）》的基础上，进一步强调“语文课程评价的根本目的是为了促进学生学习，改善教师教学”，应“发挥语文课程评价的多重功能，恰当运用多种评价方式，注重评价主体的多元与互动，突出语文课程评价的整体性和综合性”①。这些理念背后有着深厚的理论基础，包括建构主义理论、多元智能理论和人本主义理论等，体现了鲜明的现代教育的特征。

然而，在实际教学中，理想很丰满，现实较残酷，大多数老师还是习惯于沿用传统的考试作为评价手段。也有众多不满足现状者，“前赴后继”地尝试采用多种方式对学生进行评价，但通常难以持久，或者影响力较小，缺乏能够普及推广的实践成果。考察新加坡中学华文新教材中的评价系统及其评价理念，可以得到改进中国语文教学评价实践的启示，或可为处于瓶颈中的我们提供有益的借鉴。

（1）评价系统应成为教材的有机组成部分。

之所以大多数教师还是习惯于以考试作为评估学生的主要甚至是唯一手段，其原因之一就在于中国语文教材——无论小学还是中学——都没有将“评价”作为教材的构成系统编入教材。众所周知，课文系统、助读系统、作业系统和知识系统，是构成中国语文教材的四个方面，而“评价”从来就不是语文教材的有机组成部分。这样，课程标准所倡导的教学评价理念也就难以在教学实践中实现落地。所以，新加坡中学华文新教材的评价系统给我们的最大的启示就是：评价系统应成为教材的有机组成部分。在教材中编入评价系统，才能真正使“评价”成为教与学不可分割的组成部分，也才能使评价发挥诊断、反馈和促进学习等多种功能，并使教师能够通过多元化的评价方式，根据评价结果改善教学。

（2）教学目标显性化有利于评价的操作。

由新加坡中学华文新教材评价内容的编写可见新加坡华文教育对现代教育评价体系的实现，于中国语文教育而言，还应有两点重要的启示：一是教学目

① 中华人民共和国教育部．义务教育语文课程标准（2011 年版）．北京：北京师范大学出版社，2012：26.

标显性化；二是教学评价项目内容具体、可操作性强。

学生利用评价量表进行学习上的自我评价，涉及个体对自身学习过程的反思，这是一个自我发现、自我分析的过程。可以明确的是，这一过程将给予个体在单一的课程学习以外更大的发展。[①] 客观而言，新加坡中学华文新教材中所设置的评价量表，其实也只是诸多“形成性评价”和自我评价方法之中的一种。因为仅学生自我评价一个方面，就还有很多种方法，如“学生对自己作业的反思和修改、学生的反思日记、学生每周自我评价”[②] 等。但是如新加坡般在教材中设置评价量表，便于学生自评及互评，显然能够有效地促使旨在“促进学生发展”的教学评价理念在教学实践中实现落地。这是因为无论老师本身的教学水平和教学理念是否跟得上时代的发展，教材中的评价量表都会在不同程度上使其被动乃至主动地接受现代教育评价所倡导的“多样评价方式”和“多元评价主体”。因此，相较于中国更多地依赖教师在教学实践中自发探索现代教育评价之路的现状，新加坡中学华文新教材的尝试无疑更直接，更具有可操作性，也更能促使现代教育评价与日常的语文课堂迅速发生“化学”作用。

当然，并不是说我们的教材编制者们只需要依样画葫芦，在每个单元后面加个评价量表就够了。事实上，评价量表的设置需要预设一定的标准，在这些评价量表的背后，有教材中语文知识呈系统化、语言能力训练呈序列化和具体化作为基础。新加坡中学华文新教材的这一特点，是对华文新课标倡导的“课程设计的连续性和发展性”、要求完善语言能力等级体系等理念的严格遵循。反观中国，出于对汉语言文字独特性的考虑，从课程标准的理念到教材的编写，始终呈现重积累轻规则、重意会轻分析、重感悟轻理性、语言能力要靠大量的读写实践来获得、语言学习寓于大量的篇章和书册阅读之中等特点。这样的教材体例，不仅可能导致教学目标的随意性和教学内容的不确定性，更使教学一线工作者在面对教学评价改革时感到无从入手。至少，中国语文教育很难像新加坡中学华文新教材那样，直接就明确的学习目标设置简单的自评量表；即便有些教师设置了，也恐怕无法与其他教师就评价项目达成一致意见。于是，在实际教学中，新课标推重的现代评价体系往往成为一纸空文，难以实施。

新课改发展至今，成果有之，不足亦有之，我们期冀，面对语文教育评价这一“世界性的难题”，[③] 他国的探索能够促使中国语文教育找到更适用或更容易行走的路径。

---

① 陈汉聪．学生自我评估法及其在课堂教学中的运用．当代教育科学，2004（12）．

② 陈汉聪．学生自我评估法及其在课堂教学中的运用．当代教育科学，2004（12）．

③ 倪文锦，欧阳汝颖．语文教育展望．上海：华东师范大学出版社，2002：437－438．

结　语

新加坡《中学华文课程标准2011》明确提出“兼顾语言能力的培养与人文素养的提高”的课程理念：“中学华文课程应进一步培养学生的听说能力、阅读能力、写作能力和综合运用语言的能力，重视情意品德的培养以及对华族文化的认知与传承，提高学生的人文素养。”也就是说在新加坡华文教育中同样追求工具性与人文性的统一，却以工具性目标为显性的教学追求，同时渗透人文教育、文化教育。与中国语文教材过于强调语文教育的人文性教育相比，新加坡中学华文新教材的编写更突显了语文学习的本体目标，更好地显示了语文本色。如：教材以语文程序性知识为编写体例，以能力训练为主线，渗透（“兼顾”）国民教育和传统文化教育的编写思路，真正做到了从运用语言的角度突出语文的实践性；教材教学内容的确定性及其清晰体现出来的语文性、实践性特点或为我们探寻和建立语文教学内容确定性较强的语文教材提供了借鉴。又如：2008年开始实施至今的华文教育单元教学模式课程将每一单元、每篇课文的学习重点明确地定向于程序性知识的学习、强化和应用练习，教材的作业编制系统都与课文的学习重点紧密结合，通过多样化的题型，帮助学生巩固所学的知识和技能，发挥强化或评价的作用。单元教学模式课程，在目标上明确指向学生语文能力的形成和提高；在内容上落实程序性知识的把握和运用；在实施上体现有效分层、因材施教；在评价上实现学、教、评一体化；在模块衔接上既能横向并进，又可纵向交叉上升，具有多维选择、个性化学习的特质，是一种先进的课程架构。

第五章 从比较的视角审视“部编本”语文教材

引 言

所谓“部编本”教材，是指由教育部直接组织编写，由人民教育出版社出版的全国通用教材，也称“部编版”教材。“部编本”语文教材已于2016年秋季开始，以一年级和七年级为起始年级，在全国大部分地区使用。本文的“部编本”，专指“部编本”初中语文教材。

“部编本”初中语文教材与人教版初中语文教材相比，有以下明显的变化：采用“人文主题”与“语文要素”双线组织单元的结构，强化语文学习的综合性和实践性；阅读教学以各单元课文学习为主，辅之以“名著导读”和“课外古诗词诵读”，形成了从“教读课文”到“自读课文”再到“课外阅读”的“三位一体”的阅读体系；以“补白”的形式增加了“语文知识”；助学系统中增加了预习、旁批、阅读提示等，构建了多层次的助学系统；写作教学更多地强调“一课一得”，写作专题与阅读单元结合得更紧密；没有了专设的“口语交际”板块等。

针对“部编本”语文教材的编写变化，我们从比较的视角就其中的几个问题进行集中探讨研究，期望既有助于明确“部编本”教材所蕴含的语文教育理念和相应的教学策略，也为进一步完善教材编写提出我们的思考和建议。

一、初中语文知识教学刍议

这些年关于语文知识教学的问题一直争议不断，一线教学则陷于相对混乱中。“部编本”初中语文教材力图在语文知识教学方面有所作为，然而随着“部编本”语文新教材的编写、发行和使用，大家将更多的关注点集中于阅读教学“三位一体”的实施、名著阅读的课程化实施等问题，语文知识教学以及存在的问题似乎仍未能引起足够的重视。

1．明确语文知识教学的地位

语文知识是一个集合概念，它的范围很广泛，内容很丰富，包括文艺理论知识、文学史知识、语法学知识、修辞学知识、训诂学知识、文章学知识、语言学知识、写作学知识、文化史知识等。

语文知识教学的内容与语文知识的内容既有联系又有区别，语文知识教学的内容专指学生在校学习语文过程中必须把握的、基础性的语文知识。我们从《义务教育语文课程标准（2011 年版）》中概括出基础教育阶段的语文知识教学主要包括：语音、文字、词汇、语法、修辞、文体、文学等知识内容①，以及实用文章的基本表达方式、听说读写的基本知识、常用语文工具书的使用等。这是语文课程中最基本的部分，也是学生学习语文所必须掌握的知识。

语文教学要不要设置语文知识教学的内容？语文知识教学在语文教学中处于什么地位，发挥什么作用？对于语文知识教学的这些问题，随着人们对语文课程的认识经历了一个发展过程。当人们认为语文课程也和数学、物理、化学、历史、地理一样，都是传授知识的课程，语文教材编入了专项的语文知识，语文课成了系统传授语文知识的课；当人们认为语文课程是培养语文能力的课程时，培养学生的听说读写能力成为语文教学的主要任务。对于语文知识与语文能力的关系主要存在三种不同的认识：一种观点认为能力是靠语文训练获得的，因此把语文知识放在一边，只重视读写训练；一种观点则过分强调语文知识在教学全局中的地位，把语文知识的概念和系统作为整个教学的主要内容，重知识，轻实践；还有一种观点认为语文教学应该传授语文知识，但传授语文知识应该为培养语文能力服务，语文知识是基础，能力训练是目的。在“语文知识是基础，能力训练是目的”思想的指导下，语文基础知识教学和语文基本能力训练成为语文教学的两大内容，简称为语文“双基”。然而，当人们片面地强调语文课程是基础工具，一味强化语文“双基”教学，并无视语文课程丰富的人文内涵时，语文课变成了死记硬背、灌输死知识和应试的机械训练课，成了最枯燥乏味、学生最不感兴趣的课。始于 2001 年的新一轮语文课程改革强调“不必进行系统、集中语法修辞知识教学”，结果语文教学强调语文课程的人文性，语文知识教学被弱化，教师在教学中忽视语文基础知识的传授和基本能力训练，导致必要的语文知识学习和能力训练得不到落实。

鉴于目前由于“淡化”造成的对语文知识教学认识上的疑惑，有必要对语文知识教学的作用做进一步的梳理。

首先，可以增强语文训练的指导性，为培养学生的语文能力打下基础。正

---

①　中华人民共和国教育部．义务教育语文课程标准（2011 年版）．北京：北京师范大学出版社，2012：25.

如叶圣陶先生所说："求语言的完美，学习伦理学（注：伦理学指逻辑学）、文法、修辞学，是一个方法。伦理学告诉我们思想遵循的途径，使我们知道如何是合理，如何便不合理。文法告诉我们语言的习惯，使我们知道如何是合式，如何便不合式。修辞学告诉我们运用语言的方式，使我们知道如何是有效，如何是没有效的。"① 在一定意义上讲，语文能力训练也是语文知识运用实践。

其次，可以提高学生理解和运用语言的能力，为学生的语文能力的发展打下基础。比如掌握了语素、词、短语、句子、句群各级语言单位的语法和常用的修辞知识，就能辨别语言运用中的正误优劣，促进理解能力和表达能力的提高；掌握了诗歌、散文、小说、戏剧等文学体裁知识，就可以根据它们各自的特点来欣赏文学作品；掌握了文言虚词、实词和句法特点，就能提高文言文的阅读能力等。重视语文知识教学，帮助学生更好地掌握应知应有的语文知识，能为学生的继续学习和终身学习奠定基础。

再次，可以促进文化素养的提高。语文知识中的文学知识和文体知识等本身也是人文知识、文化素养的组成部分。所以，文学知识和文体知识等除了能指导读写实践外，也有助于学生人文知识结构的形成和文化素养的提高。

《义务教育语文课程标准（2011 年版）》在《全日制义务教育语文课程标准（实验稿）》的基础上新增了"关于语法修辞知识"的教学建议，提出语文知识教学"应根据语文运用的实际需要，从所遇到的具体语言实例出发进行指导和点拨。指导与点拨的目的是帮助学生更好地识字、写字、阅读与表达，形成一定的语言应用能力和良好的语感，而不在于对知识系统的记忆。因此，要避免脱离实际运用，围绕相关知识的概念、定义进行'系统、完整'的讲授与操练"②。语文课程标准的教学建议不能简单视为降低语文知识教学的要求，而是对"学以致用"的语文知识教学理念的突出。

2016 年 9 月新学期，小学和初中的初始年级开始使用"部编本"新教材。"部编本"初中语文教材从试用阶段到正式使用以来，得到了一线教师的一致欢迎和肯定。"部编本"初中语文教材很重要的一个改进是，它重新确定了语文教学的"知识体系"，一改过去为突显人文性采用的主题单元结构，采用"双线组织单元结构"，即按照"内容主题"组织单元，同时又将语文核心素养的知识点、能力点，由浅入深，由易及难，分布并体现在各个单元的课文导

---

① 叶圣陶．叶圣陶语文教育论集．北京：教育科学出版社，2015：438.

② 中华人民共和国教育部．义务教育语文课程标准（2011 年版）．北京：北京师范大学出版社，2012：25.

引或习题设计之中，且将一些必要的语法修辞知识，以补白的形式出现在教材中。[①] 这种变化，对于新课改以来语文教学更多地照顾到人文性，而忽略了语文教学的规律，导致离开语文讲人文的“泛语文”状况，应能起到很好的纠偏作用。

2. 把握“部编本”语文知识的编写思路

关于“部编本”语文知识的编写，“部编本”语文教材总主编温儒敏曾在多种场合明确说明：“使用‘部编本’语文教材，不要体系化，但要有体系。这不是开倒车，不是回到以前（其实现在也有）那种完全围绕知识能力点展开的教学，而是在教材中让‘语、修、逻、文’基本知识和技能要求更清晰，教师教学有章可循。”[②] 我们仔细研究“部编本”初中语文教材中对于语文基础知识的编写，不难发现，“语、修、逻、文”基本知识和技能虽已被编入教材，让教师教学语文知识有据可依，但教师如何依据教材有效实施语文知识和语文技能的教学与训练，尚有不够明确清晰之处。认识并厘清教材编写的变化与不足，有助于我们自觉地弥补教材编写的不足，更好地发挥教师教学的主导作用，落实学以致用的语文知识教学原则。

下面我们就以七上第一单元为例，来看看“部编本”教材的编写构架以及相关语文知识的编写思路。

教材选编了三篇写景抒情散文《春》《济南的冬天》《雨的四季》，再加上《古代诗歌四首》（《观沧海》《闻王昌龄左迁龙标遥有此寄》《次北固山下》《天净沙·秋思》），其中《雨的四季》是“自读”课文，其他为“教读”课文。

单元导语写道：

日月经天，江河行地，春风夏雨，秋霜冬雪，大自然生生不息，四时景物美不胜收。本单元课文用优美的语言，描绘了多姿多彩的四季美景，抒发了亲近自然、热爱生活的情怀。

学习本单元，要重视朗读课文，想象文中描绘的情景，领略景物之美；把握好重音和停连，感受汉语声韵之美。还要注意揣摩和品味语言，体会比喻和拟人等修辞手法的表达效果。

（选自“部编本”《语文》七上第1页）

---

① 温儒敏.“部编本”语文教材的编写理念、特色与使用建议. 课程·教材·教法，2016（11）：3－11.

② 温儒敏.“部编本”语文教材的编写理念、特色与使用建议. 课程·教材·教法，2016（11）：3－11.

单元导语的第一段提示了本单元文本的内容和语言特点，单元导语的第二段提示了单元教学主要目标：品味语言，强化朗读，研习修辞。

对于“品味语言，强化朗读”，我们可以看到，每篇文、诗后面的练习（“思考探究”和“积累拓展”）中都有要求学生品味文中语句（诗句）、积累诗文佳句和背诵的题目，可以说“要重视朗读课文，想象文中描绘的情景，领略景物之美；把握好重音和停连，感受汉语声韵之美”的学习目标在教材中有了对应的具体落实。也由此可见，“部编本”教材对于单元及单篇课文的教学功能、教学内容有了较为明确的回答和具体呈现。我们不妨回顾比较一下人教版2001年版或2013年版《语文》七上第一单元：虽然单元导语对本单元提出了学习要求，但就单元的各组成部分而言，除了“读一读，写一写”有明确的生字词的积累外，其余从单元导语到每篇课文的提示语，及至“研讨与练习”都主要是从文本思想内容理解的角度编写和安排的，没有清楚明确地告诉我们单篇的语文本体性学习目标（包括知识学习和能力训练内容）。[①]从这一比较来看，“部编本”教材在单元教学目标和单篇教学内容的确定性方面大为提高，语文本体性教学内容大为增加。这正是“部编本”教材得到一线教师欢迎和肯定的原因之一。

关于“研习修辞”（即单元导语中的“体会比喻和拟人等修辞手法的表达效果”），则是依据“语法修辞知识，则配合课文教学，以补白形式出现。努力做到‘一课一得’”[②] 的编写思路，在《春》的练习之后补白“比喻”，在《济南的冬天》的练习之后补白“比拟”，在《雨的四季》课文之后补白“名词”，并且教读课文《春》《济南的冬天》后面的思考题和拓展题，都有一或两道题是按照相关的修辞知识点来设计的，主要的作用在于分析理解文本中运用修辞方法所产生的表达效果。我们再看本单元的写作，专题是《热爱生活，热爱写作》，其中有关写作的讲解、提示，均未提及本单元所学的修辞知识比喻、比拟的运用问题，“写作实践”安排的三个任务，也未涉及对本单元所学的修辞知识比喻、比拟的运用要求。

从该单元的“阅读”到“写作”的教学内容编排，我们可以看到：“部编本”对于“随文学习”的语文知识，仅止于运用语文知识更好地理解课文，而缺失对于学生运用语文知识进行自我表达的训练和要求。相对于《义务教育语文课程标准（2011年版）》提出的阅读教学建议——“在阅读教学中，为了帮助理解课文，可以引导学生随文学习必要的语文知识，但不能脱离语文

---

① 黄淑琴. 强化程序性知识，指导学生语文实践——新加坡中学华文新教材的启示. 湖南第一师范学院学报，2015（2）：29.

② 温儒敏. “部编本”语文教材的编写理念、特色与使用建议. 课程·教材·教法，2016（11）：3－11.

运用的实际去进行‘系统’的讲解和操练，更不应要求学生死记硬背概念、定义”，[1] 这样的编写思路似也无可厚非。但如果我们实事求是地想一想：学生在小学阶段对这两种修辞方法已经不陌生，初中阶段再学习这两种修辞知识应有怎样的不同呢？“部编本”《语文》（七上）的编写者之一刘真福先生曾说：“其实初中学习修辞方法无非是两大任务，一是掌握修辞知识，二是分析表达效果。”[2] 对此，笔者略有异议：初中阶段学习修辞知识，不仅要从理性认识上进一步提高，更重要的是要能将修辞知识运用于实践中；而运用于实践，不仅指能运用所学去分析他人言语表达效果，更重要的是能运用所学知识和方法进行自我的表达，提高自我表达效果。在此，我们不妨重申韩雪屏对于语文知识教学的观点“我们不是教学生认识语言，而是要让学生运用语言”。

新加坡华文新教材对于语文知识的学习，重在运用。比如，《中学华文（高级）》一下单元五，介绍了比喻、比拟修辞知识（参见第三章关于《中学华文（高级）》与人教版初中《语文》的单元编制比较，在此不复赘述），从单元“学习重点”的目标确定，到“研讨与练习”中概念的阐释与理解练习，再到“思考和练习”的运用练习，最后到“综合任务”对知识与能力的整合夯实，无不是对语言运用进行的训练。不仅如此，还在《中学华文（高级）》一下单元七《万里长城》进行了复习，在《中学华文（高级）》二下单元八《手套》进行了运用。作为第二语言的新加坡华文教育，对于语文知识的随文学习，整体规划，从易到难，由认知、理解到运用（综合运用），循环往复巩固提高，教学思路清晰，具有很强的可操作性，而不是止于“帮助理解课文”。新加坡中学华文新教材关于语文知识的编排思路和理念值得我们借鉴。

3. 语文知识教学的建议

教材编写的科学合理与否在相当程度上决定着教学的质量，而教师能否科学合理地使用教材，也对教学结果起着直接的作用。鉴于我们对语文知识教学的认识和“部编本”教材的编写状况，教师应以自主的态度创造性地使用教材。

(1) 随文学习，因材施教。

以范文为凭借进行的语文知识教学应该是也必然是对言语的具体理解和使用的教学。一方面，它研究的不是构成句子的字、词，也不是单个的句子，而是超越了句子的范围，研究字、词、句在语篇中的作用，研究用于一定交际情

---

① 中华人民共和国教育部. 义务教育语文课程标准（2011 年版）. 北京：北京师范大学出版社，2012：23.

② 刘真福. 部编《语文》七上第一单元编写说明及教学建议. 语文教学通讯（初中刊），2016 (9)：13.

境中的语言；另一方面，以课文为凭借进行的范文教学又是以教师引导学生从宏观层面理解整篇文章为基础的，引导学生利用已有的语法、词汇等语言知识和背景知识对文章进行分析、评价，进而达到理解和运用的过程。引导学生随文学习必要的语文基础知识既是学习新知的过程，又是利用已知帮助理解范文的过程，它不仅重视语言的形式，而且重视语言的功能，所以能提高语文知识传授的有效性和趣味性。与之相比，脱离语文运用的实际去进行知识的讲授和操练则往往单调乏味，导致课堂效率低下，学生感受不到学习的乐趣。

结合课文学习语文基础知识，这在新加坡中学华文新教材里面表现得最为突出鲜明。对于语文基础知识的学习，它遵循的是“先例后练”的原则，而其编写的顺序是：先展示例文（课文）——后以课文的语文材料为例对相关知识进行阐释、解说——再练习以转化为能力。

母语课程中的语文知识教学应根据语文运用的实际需要，从所遇到的具体语言实例出发进行指导和点拨。指导与点拨的目的是帮助学生更好地阅读理解与自我表达。以“部编本”教材七上第一单元为例：教师可随《春》引导学生学习比喻修辞法；随《济南的冬天》引导学生学习比拟修辞法，随《雨的四季》引导学生学习名词的语法知识，一课一得。随文学习，内容不求全面，重在简要地给学生介绍最基本的东西，突出基础性，在讲解修辞知识时用课文中的例子，并认真落实相关练习题的思考与解答，既能加深对文本的理解，又能达到好懂、有用的效果。关于这一点，我们的教材的编写还是比较明确的，也是相对容易操作的。但由于“补白”对语文知识的编写相对简单，难以使学生较清晰地把握修辞知识，因此教师应根据学生的认知状况，因材施教，对修辞知识做适当而必要的扩展补充，使学生真正理性把握基本的修辞知识。

（2）得得相连，举一反三。

如上所述，初中语文知识迁移运用应该包括两方面：一是引导学生依据语境对修辞的表达效果进行分析，加深学生对文本的认识理解，并使学生巩固所学；二是引导学生活用知识进行自我表达，提高自我表达效果。如果仅仅根据教材的编写状况进行教学，“一课一得”，各自为政，如何能让学生在掌握知识的基础上，做到学以致用？所以知识的学习还须“得得相连”，形成运用知识的能力。比如：在《济南的冬天》中讲比拟修辞法，同时要复习巩固《春》中所学的比喻修辞法；再利用自读课文《雨的四季》引导学生自行找出并分析比喻、比拟两种修辞法的运用情况，如此循环往复，举一反三，紧扣单元语言因素进行语文教学。再如，我们还可以设计相应练习，让学生运用比喻、比拟的修辞手法进行必要的写作（片段写作），即在写作中提出运用修辞手法的要求。对此，“部编本”教材均未能体现，需要教师自主补充必要的学习资源，设计恰当的训练内容。

（3）整体规划，举三反一。

对应第一单元教学目标“研习修辞”，比喻、比拟是该单元教学应该掌握（理解并学会运用）的修辞格知识，这一点当然是明确的。但本属于语法知识的“名词”又该如何处置呢？它既不能作为修辞格来进行教学，也不能作为一个可有可无的“补白”置之不理，否则既有可能带来语文基础知识概念上的混淆，也容易造成教学的遗漏和随意。结合全册教材，“补白”的语文基础知识还有第二单元的“词义与语境”“古代常用的敬词、谦词”；第三单元的“动词”“词语的感情色彩”；第四单元的“同义词”“反义词”；第五单元的“数词”“量词”“代词”。由于随文编写的语文知识不系统、不集中，所以需要教师从整体出发，瞻前顾后，既能够从逻辑上梳理出线索清晰、有序渐进的语文知识教学结构，又能够有意识地对各单元不同文本中运用这些知识的“例子”进行分散的感悟、积累和练习，举三反一，以达到知识的有效积聚和整合。比如，《春》运用了二十多处修辞手法，除了比喻，还有反复、拟人、排比（包括比喻、拟人、排比等的套用）；纵观全文，诗化的语言感情色彩浓郁……都可以让学生感悟领会。但为突出“一课一得”的学习重点，这种感悟、积累和练习又不宜做过多扩展。要做到恰如其分，很考验语文教师的经验和学养。

语文知识是语文课程中最基本的部分，也是学生学习语文所必须掌握的知识。“精要、好懂、有用”是语文知识教学一贯以来的要求。其中，“好懂”是教学方法方面的要求，强调的不仅仅是语言表述要通俗易懂，深入浅出，更重要的就是语文基础知识教学还要努力联系学生的语言运用实际，努力做到直观有趣；“有用”强调的是语文知识能够运用于理解和表达。“部编本”初中语文教材以“补白”的形式呈现语文知识，使语文知识教学有据可依。就初中阶段的语文知识而言，“随文讲解”所学得的语文知识不仅应运用于分析他人的表达，还应使学生能将所学知识运用于自我表达。

二、关于“预习”的思考与借鉴

“预习”是“部编本”语文教材的新增内容之一：每篇教读课文在正文前设置了“预习”，自读课文则在正文旁设置了“批注”（有些批注提出问题）并在篇末设置了“阅读提示”。我们这里主要讨论的是“部编本”教读课文正文前设置的“预习”，它在教材中是以预习题的形式呈现的，故我们所谓的“预习”是指“部编本”教读课文中的预习题。

其实，中国语文教材中的预习从古有之。从新式学堂成立时的语文教育思想及模式，到语文教学大纲和课程标准，都强调了预习的步骤。新课改之前，人教版初中语文教材也编有“预习”（“阅读提示”或“学习提示”），是教材助读系统的重要组成部分，“大家把预习作为语文教学中的一个重要环节，都认为要想改变教师满堂讲解的旧传统，引导学生养成独立学习、独立钻研的良好的学习习惯，预习无疑是一个实现改革目标的重要途径”①。新课改中因顾虑“预习”妨碍学生个性化自主阅读而将“预习”从教材中去除了。这次“部编本”语文教材让预习“重出江湖”，可以说是对预习教学价值的重新正视。

下面我们借助与新加坡中学华文新教材预习内容的比较，来更清楚地认识“部编本”语文教材的预习题。

1.“部编本”语文教材预习题题型分析

以“部编本”初中《语文》七上为例，全书共有24篇阅读课文，分“教读”与“自读”两类：教读课文17篇，自读课文7篇。其中每篇教读课文都设置了两道预习题，共34题。我们借鉴王晓静的研究成果，从内容上将预习题的题型主要归纳为以下几类：②

（1）提示读书方法。

①学习古诗要反复诵读，注意读准字音，读出节奏，读出韵律，感受诗歌的声韵美。（《古代诗歌四首》）

②朗读课文，力求读出文章的情味。（莫怀戚《散步》）

③借助注释，把握课文大意。画出你不懂的语句，与同学交流，尝试解决问题。（《世说新语》两则）

④默读课文，注意做些圈点勾画。可以圈出关键词语，画出重点语句，标出段落层次。（让·乔诺《植树的牧羊人》）

⑤参考注释阅读课文，画出你不理解的语句，先与同学讨论交流，看看能否解决。不能解决的，借助工具书完成。（诸葛亮《诫子书》）

⑥先不看注释，看看能否大致读懂课文，不懂的字句可以猜一猜，也可暂时略过。然后借助注释，再读一遍，看看不懂的字句是否猜对了。（蒲松龄《狼》）

⑦快速阅读课文，把握主要的故事情节。记录下读完全文的时间，看看你每分钟能读多少字。想一想，哪些因素影响了你的阅读速度？以后注意改进。（安徒生《皇帝的新装》）

---

① 李多菲．语文预习研究．哈尔滨：哈尔滨师范大学，2012（05）．

② 王晓静．强化预习，培养自主学习能力．课程教学研究，2017（2）．

⑧无论想象多么荒诞、离奇，只要适合表达特定的情思，在诗中都是容许的。朗读本课这两首诗，借着诗人的想象，漫游诗中所描绘的世界。（《诗两首》）

⑨这是一篇散文，又像一首诗。朗读课文，张开想象的翅膀，在脑中再现文中描绘的春景，感受大自然的蓬勃生机。（朱自清《春》）

“提示读书方法”是“部编本”教材里出现最多的预习题型。例①和例⑧是对古诗预习的建议；例②和例⑨是针对散文的朗诵指导；例③、例⑤、例⑥是对文言文预习的建议，重在疏通文言词语的意思。“部编本”教材的预习题针对不同文体的特点给出了学习建议：记叙文或小说可以限时默读；现代诗歌要读出感情；古诗诵读应注意节奏韵律；文言文学习要结合注释和工具书，留意特殊用法等。

（2）搜集课外资料。

①孔子是儒家学说的创始人，被后人尊称为“圣人”“至圣先师”。关于孔子，你知道他的哪些故事呢？讲一讲，与同学分享。（《论语》十二章）

②读全文，参考题注，并搜集相关资料，了解白求恩其人其事。（毛泽东《纪念白求恩》）

③春天展现美丽的世界，春天带来崭新的希望。历来文人墨客都喜欢描绘春天，赞美春天。你读过哪些描写春天的诗文？这些诗文给你留下了怎样的印象？回忆一下，准备在课堂上与同学交流。（朱自清《春》）

④鸟儿和人类自古以来就是亲密的朋友。鸟儿自由飞翔的天性、五彩的羽毛、灵动的身姿，无不显示出大自然的造化之奇妙。古今文人笔下，常能见到鸟儿的形象。回想一下，你读过哪些写鸟的诗文？（梁实秋《鸟》）

⑤我们从小就听过或读过不少童话。有哪些童话作品或童话形象给你留下了深刻印象？回忆一下，与同学交流。（安徒生《皇帝的新装》）

⑥你以前一定读过不少寓言故事，哪些特别有趣，给你留下了深刻印象？讲给同学听听，并说说你的理解。（《寓言四则》）

⑦很多同学都知道老子、孔子、庄子、孟子、孙子、曾子等古代先哲，“子”是他们的名字吗？你知道“子”的含义吗？（《论语》十二章）

搜集课外资料可以拓宽语文学习的渠道，有利于调动学生的学习兴趣，同时也有助于学生对课文的理解。例①和例②是搜集人物资料；例③、例④、例⑤和例⑥分别是搜集诗文、童话和寓言等文学作品；例⑦是解答一个小知识点。“部编本”教材将搜集资料明确设置为预习题，而且题量不在少数，可见对培养学生自主学习能力的重视。

（3）概括文章内容。

①“横眉冷对千夫指”的鲁迅有过怎样的童年时光？阅读课文，看看小时候的他玩些什么，学些什么，想些什么。他和儿时的你有相似的地方吗？（鲁迅《从百草园到三味书屋》）

②快速阅读课文，把握主要的故事情节。记录下读完全文的时间，看看你每分钟能读多少字。想一想，哪些因素影响了你的阅读速度？以后注意改进。（安徒生《皇帝的新装》）

概括文章内容是最基本的阅读能力，“部编本”教材的预习题中设计了两道题——“看看小时候的他（鲁迅）玩些什么，学些什么，想些什么”“把握主要的故事情节”，这样的问法比较灵活，易于被初中生接受。

（4）把握人物形象。

①一个孤独的农夫，数十年如一日，在荒原上种植着树木。最终，靠自己的体力与毅力，把荒凉的土地变成了流着奶与蜜的田园。边读课文边思考：是什么精神在支撑着他？（让·乔诺《植树的牧羊人》）

围绕写人的文学作品设置一些与人物形象有关的预习题，既可以帮助学生把握单篇文章，同时也提示了这类文学作品的阅读方法：通过把握典型事例感知人物形象。

（5）体验情感表达。

①课文中的许多景物描写细腻、生动，能唤起你对事物的细微感觉。阅读的时候，注意体会。（老舍《济南的冬天》）

②中国是诗的国度，中华文明史册上优秀的诗歌灿若繁星。诵读古代优秀诗歌，可以让我们心灵得到滋润和净化，情感变得丰富，从而激发起对中华优秀传统文化的热爱。朗读本课诗歌，想象诗中的情景，体会诗人的情感。（《古代诗歌四首》）

③朗读课文，找出一些蕴含着丰富情感的语句，细加体会。（史铁生《秋天的怀念》）

④古人往往在家信中寄语子女兄弟，予以教诲与劝勉，这是中国古代家庭教育的一种方式。课文是诸葛亮写给自己儿子的一封家书，殷殷教诲中蕴含着深切的期望。朗读课文，注意体会这种情感。（诸葛亮《诫子书》）

⑤一个爱猫的家庭最终“永不养猫”，其间发生了什么事情？带着这个问题去读课文，注意梳理文章的思路，特别是“我”思想、情感的前后变化。（郑振铎《猫》）

⑥默读课文，想象作者在表达爱鸟情感的同时，是否另有深意。（梁实秋《鸟》）

设置体验情感表达的预习题可以让学生更准确地把握主旨，体会语言表达的妙处。“部编本”教材中多次出现体验情感的预习题，提醒学生把握文章的感情基调和变化线索。

（6）联系实际拓展。

①史铁生是当代文坛一位非常特殊的作家，他双腿瘫痪，又长年患病，却一直在和病魔抗争，这种生存状况使他的作品带有一种独特的气质。细细体会文中流露的情绪，反思一下：沐浴在亲情中，我们是否只知接受，不会感动，也不懂回报呢？（史铁生《秋天的怀念》）

②课文中说的是一家人散步的琐事，内容好像比较浅，但仔细品味，会感觉到正是这平常生活中流淌着的亲情，滋润着家人的心灵，承托起一个温暖的家。你的身边一定也不乏这样的温馨场景，回忆一下，感受其中的温情。（莫怀戚《散步》）

③“横眉冷对千夫指”的鲁迅有过怎样的童年时光？阅读课文，看看小时候的他玩些什么，学些什么，想些什么。他和儿时的你有相似的地方吗？（鲁迅《从百草园到三味书屋》）

④这是一篇在中国产生过极大影响的文章，很长一段时间内曾家喻户晓。问问你的祖辈、父辈，了解这篇文章对他们的影响。（毛泽东《纪念白求恩》）

这种联系实际的预习题可以激发学生的生活体验，拉近与文本的距离。可以设置课堂讨论环节，活跃课堂气氛，训练学生的口头表达。

（7）读文前后对比。

①在你的印象中，冬天是怎样的，有哪些代表性的景物？朗读课文，看看作者笔下的济南的冬天与你印象中的冬天有什么不同。（老舍《济南的冬天》）

②想一想，课文题为《从百草园到三味书屋》，可能会写些什么内容呢？默读全文，读完后看看自己猜得对不对。（鲁迅《从百草园到三味书屋》）

③你知道牛郎织女的故事吗？在你的想象中，他们在天上过着怎样的生活？朗读《天上的街市》，看看诗人的想象与你的有什么不同？（《诗两首》）

看到一篇文章，提醒学生围绕题目展开想象，文章可能写了什么，读完后再结合课文内容印证自己的想象。这类题型能调动学生的积极性，变被动的接受为主动的思考。

（8）提示重要知识。

①《世说新语》中记录了魏晋时代一些儿童的智慧故事，本课所选的就是其中较为著名的两则。预习课文时，注意感受古代儿童的聪慧机敏和良好的家庭教养。（《世说新语》两则）

②郑振铎善于写“平平淡淡的家庭琐事与脉脉温情中轻笼的哀愁”，主张文学作品要“质朴”“真率”。阅读课文时，要注意这个特点。（郑振铎《猫》）

③人与动物之间也有争斗。描述这类关系的作品，有的旨在突出人的力量，有的为了反衬人的渺小，还有的则在人与动物的对比中揭示人性。读时注意思考：本文的落脚点在什么地方？（蒲松龄《狼》）

④寓言一般比较短小，常常用假托的故事寄寓意味深长的道理，给人以启示。故事的主人公可以是人，也可以是人格化的动植物或其他事物。阅读课文，联系以往的阅读经验，体会寓言这种文体的特点。（《寓言四则》）

面对有些难度的知识点，“部编本”教材设置预习题时先简单描述知识点，再提示学生围绕这个知识点去理解课文，进而印证知识点。这样反复强化可以增强学生对语文知识及课文的理解。

2．新加坡中学华文新教材预习题分析

新加坡中学华文新教材在“预习”设计中注重培养学生的华文学习技能，主要从词语积累、课文理解能力、写作技法这三大方面对学生的自学活动做出导向。下面我们举例予以说明。

（1）引导学生积累词语。

为了更好地引导学生积累、理解和运用词语，新加坡中学华文新教材在预习部分设计了多种题型，以促进学生有效地学习。

①查词典，明确词意。

讲读课文《中学第一天》的预习题为：

1．查词典，找出下列词语的意思。

（1）朦胧：

（2）忐忑：

（3）开朗：
（4）接触：
（5）幽默：

（选自《中学华文（高级）》一上第2页）

这种题目设计，一方面可以使学生更准确地认识词语意思，另一方面可以提示学生解决问题的方法，对学生做出学法指导。

②给出解释，检索词语。

导读课文《友情的考验》的预习题为：

1. 根据下面的解释，从课文中找出相应的词语写在括号里。
（1）指双方（第1段）　　（　　）
（2）互相商量研究（第2段）　　（　　）
……①

（选自《中学华文（高级）》一上第14页）

要求学生根据意思在课文中进行词语检索。除了考查学生对词语的理解，还考查了学生在课文中检索词语的能力。由于题目注明了检索的段落范围，可大大提高检索的效率，减轻了学生在预习阶段的自学负担。

③根据语境和带点字，推测词语意思。

《古代名医——华佗》中，推测词意的题目为：

1. 根据带点的字，推测画线词语的意思。
（1）在乌节路上行驶的车辆络绎不绝，像一条不停流动的河。
……

（选自《中学华文（高级）》一下第34页）

这种题目设计引导学生根据语境判断词意，同时又可以利用句子中其他的相关词语，综合地进行推测。引导学生运用联系的思维，从整体上来推测词语意思。

④根据偏旁和上下文，推测词语意思。

如《万里长城》中，推测词意的题目为：

1. 结合偏旁和上下文，推测词语的意思。

① 共9道题……表示“以下省略”。后文举例时，用法同。

(1) 崇山峻岭（第1段）

(2) 瞭望（第3段）

……

（选自《中学华文（高级）》一下第64页）

根据偏旁推测词意，可以引导学生关注汉字的字形结构，更深入地理解汉字本身所传达出来的意义，从而理解词语。另外，题目中要求结合上下文理解词语，有利于学生养成良好的学习习惯。

⑤根据语境，运用词语。

以上四种预习题的设计主要考查学生对词语的理解，而理解最终要落实到对词语的运用上。《中学华文（高级）》以句子填空的形式对学生运用语言的情况进行了考察。如《多一些许哲 多一分温暖》的预习题：

1. 根据提示，从课文中找出适当的词语，写在句子中的横线上。

(1) 小华口才好，同学们都向老师____他参加全校讲故事比赛。（第2段）

……

（选自《中学华文（高级）》一上第88页）

这种题目设计，一方面考查了学生的词语理解能力，另一方面也考查了学生的词语运用能力。

总之，新加坡中学华文新教材在帮助学生积累、理解和运用词语的同时，还教给学生积累词语的方法。

(2) 考察文本理解能力。

①理解课文重点内容。为了让学生在预习时抓住课文重点，中学华文新教材的预习题目充分围绕课文重点来进行设计。如《山中奇遇》的预习题：

3. “没走出二百米，奇事就发生了”（第8段），“奇事”指的是什么？为什么说它是“奇事”？

（选自《中学华文（高级）》一上第32页）

这个问题围绕课文的线索来设计，培养学生把握课文主要内容和整合文本信息的能力。

②梳理课文线索，把握课文发展脉络。中学华文新教材在帮助学生理清课文线索脉络时，常采用表格的形式进行问题设计。如《中学第一天》，课文围

绕“我”第一天上中学的心情变化来展开叙述，因此，为了更好地让学生把握全文，预习题设计如下所示：

4. 从文中找出描写“我”的心情的语句，填写在下面的横线上。

开学前一晚	踏入校园时	走出校园后

（选自《中学华文（高级）》一上第 2 页）

③概括课文主要内容。中学华文新教材十分强调对文章的总体把握，除了引导学生对于课文重点词句的掌握，还有意识地训练学生寻找线索，概括文章大意的能力。为此，预习的设计不仅着眼于一篇篇课文的学习，还关注到课文与课文之间的迁移。如《中学华文（高级）》一上第七课《母与女》的预习以课文的时间发展顺序为设计思路，通过让学生完成线索表格，帮助学生理清课文线索，为概括课文内容打下基础。题目设计如下：

2. 本文以时间为线索。完成下表，找出这条时间线索。

情节	时间线索
一对母女踏上开往台北的电车。	
母亲对女儿唠叨了几句话，女儿开始睡觉。	
母亲想要擦鼻子，却又不敢动。	女儿睡着后
母亲撑开眼皮，看看到了哪个车站。	
母亲慢慢甩着右手臂，怕女儿知道自己手臂酸痛。	

（选自《中学华文（高级）》一上第 58 页）

理清课文线索脉络的思路为概括课文大意做铺垫。于是，在该单元接下来的第 8 课《祖父 · 后园 · 我》的预习题目中，及时对学生的课文概括能力进行了考察。题目设计如下：

2. 用浏览式阅读法读课文，然后写出课文的大意。

课文的大意是：

（选自《中学华文（高级）》一上第 70 页）

两篇课文在预习设计上做了呼应，前一篇课文对后一篇课文做了铺垫，而后一篇课文的预习设计又很好地复习了前面所学的技能，起到了正迁移的作用。

(3) 把握课文写作技法。

中学华文新教材对学生写作能力的培养，不仅体现在课后的练习中，更是在预习设计中就有所涉及。

比如，《母与女》的预习题：

3. 课文先描写母亲的俗气，再表现母爱的伟大。你认为这样写有什么好处？

（选自《中学华文（高级）》一上第 58 页）

这道题既考察了学生对"欲扬先抑"这一写作手法的了解，又可以引导学生在写人记事的文章中运用这种手法。

又如，《祖父・后园・我》的预习题：

3. 我们的感官是感知世界的工具，也是我们阅读和写作的工具。通过感官，眼——视觉、耳——听觉、鼻——嗅觉、舌——味觉、皮肤——触觉，我们接受外界的光、形、声、色、味等等，对事物就有了多重的感知。判断下面各句，作者调动了哪一些感官，将答案写在括号里。

（选自《中学华文（高级）》一上第 70 页）

题目在设问前先向学生解释"五感"，先让学生去理解，再让学生判断。学生在练习的过程中，已经对"五感"有所了解，并且调动"五感"进行记叙文写作的技巧也会对学生产生潜移默化的影响。

另外，《中学华文（高级）》一下第二十课《汉字的演变》的预习题：

3. 阅读课文的第一段和最后一段，找出首尾呼应的句子。

（选自《中学华文（高级）》一上第 79 页）

这考察了“首尾呼应”这一写作技法。

新加坡中学华文新教材预习题的设置非常具体明晰，对学生的预习活动起到了很好的启动和定向作用，也便于教师对学生的预习情况进行检测。

3. “部编本”语文教材与新加坡中学华文新教材预习题的比较

撇开形式，我们先借助表5－1直观地感受“部编本”语文教材与新加坡《中学华文（高级）》教材的预习题在内容上的异同。

表5－1　“部编本”语文教材与新加坡《中学华文（高级）》教材预习题的异同

<table>
<tr><th></th><th>词语</th><th>理解分析课文</th><th>梳理线索</th><th>概括大意</th><th>阅读要求</th><th>心得体会</th><th>回顾</th></tr>
<tr><td rowspan="3">《中学华文（高级）》</td><td>查词典</td><td rowspan="3">理解关键词句</td><td>提示线索，以表格形式梳理课文脉络</td><td rowspan="3">把握段落大意，概括文意</td><td>用适当的语速和语调阅读</td><td rowspan="3">不作强调</td><td rowspan="3">不作强调</td></tr>
<tr><td>词义匹配</td><td rowspan="2">直接提问课文线索</td><td rowspan="2">浏览式阅读</td></tr>
<tr><td>句子填空</td></tr>
<tr><td rowspan="5">“部编本”《语文》</td><td rowspan="5">不作强调</td><td rowspan="5">理解关键词句</td><td rowspan="5">不作明示的设问</td><td rowspan="5">不作强调</td><td>在朗读中想象</td><td rowspan="5">结合生活经验，谈感想</td><td rowspan="5">回顾相关课文和诗词</td></tr>
<tr><td>读出人物语气</td></tr>
<tr><td>快速阅读</td></tr>
<tr><td>有要求的默读</td></tr>
<tr><td>先略读，再细读</td></tr>
</table>

相同点：这两部教材的预习题都强调对课文内容的理解。两部教材都围绕课文的主要内容进行提问，考查学生对课文主要内容的理解和提取、整合文本

信息的能力。

不同点：《中学华文（高级）》的预习题更强调词语积累、梳理课文线索、概括文章大意这三大方面；而“部编本”语文教材的预习题更重视回顾相关知识、表达个人阅读感受，尤其重视阅读方式的训练，相比之下，《中学华文（高级）》的预习题几乎不涉及回顾相关知识和表达个人感受这两个方面的内容。《中学华文（高级）》更多是强调浏览式阅读，侧重考查学生阅读后的效果；而在“部编本”语文教材的“预习”中，阅读形式多样，重视指导学生的阅读过程，培养良好的阅读习惯。

这些不同的预习题设计源于不同的学情，也反映了新加坡和中国对于华文（中文）教学的不同理念，所以还有进一步具体分析的必要。

（1）预习题题量不同。

“部编本”语文教材的预习题题量较少，新加坡中学华文新教材的预习题题量较多。

“部编本”语文教材几乎每篇教读课文都设置了两道预习题。例如老舍《济南的冬天》的预习题如下：

◎在你的印象中，冬天是怎样的，有哪些代表性的景物？朗读课文，看看作者笔下的济南的冬天与你印象中的冬天有什么不同。

◎课文中的许多景物描写细腻、生动，能唤起你对事物的细微感觉。阅读的时候，注意体会。

（选自“部编本”《语文》七上第6页）

而新加坡华文新教材的预习题题量较大，并且留足答题空间，有的篇目预习题所占版面甚至超过正文。例如导读课《圣诞礼物》的预习题：

1. 根据下面的解释，从课文中找出相应的词语写在横线上。

（1）________：在一个地方来回走动。（第3~5段）

（2）________：在物体的外围加边。（第9~11段）

（3）________：态度温和有礼，举止文雅端庄。（第9~11段）

（4）________；形容因害怕而微微发抖的样子。（第9~11段）

（5）________：完全。（第12~14段）

2. 课文有两条线索，女主人公帝拉的活动是明线，男主人公吉米的活动是暗线，即吉米用卖掉金表的钱给帝拉买了发梳。

3. 阅读下面的对话描写，说明其作用。

对话描写	作用
她跑上一楼，开门见山地问道：“您要买我的头发吗？”“让我看看你的头发是什么样儿。”夫人说。	
“20 元。”夫人用熟练的手法抓起头发说。“赶快把钱给我。”帝拉说。	

4. 在小说结尾，帝拉才知道吉米为了给她买发梳做圣诞礼物，卖掉了自己的金表，作者这样安排有什么作用？

（选自《中学华文（高级）》二下第 103 页）

《圣诞礼物》一课的预习题有四大题，共 9 道小题，题量远大于“部编本”的预习题。

（2）预习题呈现形式不同。

“部编本”初中语文教材的预习题多以问答题形式呈现，新加坡中学华文新教材的预习题形式更多样。

“部编本”语文教材七年级上册 17 篇教读课文共有 34 道预习题，全部以问答题形式呈现。而新加坡中学华文新教材的预习题则形式多样，有填空题、选择题、填表题、问答题、连线题等，还有以地图形式呈现的填充题，整体看来直观、简洁，有趣味性。这从上文的举例中可以看到，此处不再举例说明。

（3）预习题的定向不同。

“部编本”语文教材的预习题主观题居多，意在启发学生思考。与之前“人教版”语文教材的课前导语常用陈述性语言不同。现以同一篇课文郑振铎的《猫》为例：

“人教版”导语：

猫，因为它的活泼乖巧而被许多人喜爱。和人一样，每只猫都会有各不相同的性格。作者的家里就曾经养过三次猫，这三次养猫的经历给他带来了不尽相同的感受，有快乐，有辛酸，有愤恨，甚至还有无尽的懊悔……

［选自人教版《语文》（2013）七下第 198 页］

“部编本”预习：

◎一个爱猫的家庭最终“永不养猫”，其间发生了什么事情？带着这个问题去读课文，注意梳理文章的思路，特别是“我”思想、情感的前后变化。

◎郑振铎善于写“平平淡淡的家庭琐事与脉脉温情中轻笼的哀愁”，主张文学作品要“质朴”“真率”。阅读课文时，要注意这个特点。

（选自“部编本”《语文》七上第96页）

由于“部编本”语文教材的预习题以主观题居多，并且没有留下答题空间，给学生更多的可能是阅读参考和建议，因此不会作为“题”而是当作“提示”来对待。客观上说，“题”对于学生所产生的任务驱动作用或许更直接、更显著一些。

《义务教育语文课程标准（2011年版）》在“教材编写建议”中明确指出：“课文注释和练习等应少而精，具有启发性，有利于学生在探究中学会学习。”① 按课标理念编写的语文教材也只把练习作为教材系统中极小的一部分，练习的地位和作用越来越弱化，甚至可有可无。这样就可以理解为什么“部编本”语文教材预习题题量不大、主观题较多。

新加坡中学华文新教材的预习题以训练技能为主，侧重词义理解和内容概括，几乎每道题都有标准答案。题目标有序号并给足答题空间，便于学生自测，老师根据反馈可以掌握学生的阅读情况，并确立课堂的起点。新加坡华文作为第二语言的定位，最重要的是提高学生听说读写的能力，因此预习题中出现了大量词语运用题。

4. 思考与借鉴

预习，是将“先教后学”变为“先学后教”，“以学定教”，它的价值和意义主要体现在：①有助于学生形成自主学习的能力，为终身学习打下基础；②有助于提高课堂效率；③有助于开阔学生视野，丰富课外知识，提升语文素养。②

好的“教”材，应更是“学”材。如何让教材充分调动学生自主学习，变“先教后学”为“先学后教”？这很大程度上取决于“预习”的设置编写。新加坡中学华文新教材在“预习”的编写上取得了不错的成绩，我们可以从中吸收借鉴一些经验，以利于我们编好、用好“预习”。

（1）增加预习“题”的量。

初中阶段的学生学习任务开始繁重起来，很多学生对待语文作业的态度往往比不上数学、英语等科目。由于“部编本”语文教材的预习给学生更多的可能是阅读参考和建议，如果语文老师布置课文预习，学生通常的理解就是没

---

① 中华人民共和国教育部．义务教育语文课程标准（2011年版）．北京：北京师范大学出版社，2012：33.

② 王晓静．预习题，让语文学习更高效——新加坡中学华文新教材预习题带给我们的思考．语文教学与通讯，2016（09）：60－63.

有语文作业。长期下去，语文学习中“预习”这一重要环节就会被学生忽略。所以，预习不单是列出“预习”两个字，建议以真“题”的形式呈现，并留足答题空间，而不是以阅读提示或学习提示的形式呈现，以此让“预习”对学生产生任务驱动的效果，让学生真正重视预习，并在每堂课前花一定的时间完成这些题目，从而真正养成预习的习惯。老师则可以根据学生的预习情况，将其作为教学的起点之一。

（2）丰富预习题的形式。

新加坡中学华文新教材中有填空题、选择题、填表题、问答题、连线题等，看起来直观简洁，有趣味性，非常符合初中生的认知特点。当前，由于种种原因，中国中学生普遍对语文学习不感兴趣已是不争事实。我们不妨借鉴这种设置，将新教材变成学生乐于亲近的“学材”。以“部编本”《语文》七上第1课朱自清的《春》为例：

◎春天展现美丽的世界，春天带来崭新的希望。历来文人墨客都喜欢描绘春天，赞美春天。你读过哪些描写春天的诗文？这些诗文给你留下了怎样的印象？回忆一下，准备在课堂上与同学交流。

可以补充表格：

序号	描写春天的诗文	给你留下的印象
1		
2		
3		

即使是引导学生对课文内容进行把握，对重点难点进行关注，也不妨像新加坡中学华文新教材那样，设计梳理段落内容、概括课文大意等预习题目。在设计这类题目时，先从整体把握入手，在把握段落大意或概括主旨的前提下，再提出与课文内容相关的细节问题，引导学生思考课文深意。在题目形式上，为了更好地引导学生把握段落大意和课文主旨，可以采用表格的形式引导学生梳理课文线索脉络，以利于学生更系统地掌握课文内容。在此基础上，再根据教材预习设计中所提出的细节问题引导学生挖掘课文深意。

（3）增加语言材料积累。

特定的社会环境使得新加坡学生的华文基础较弱，所以新加坡中学华文新教材注重引导学生掌握基础知识。相对而言，中国中学生的中文基础更加扎实，但仍然不可忽视语文基础知识的积累，所以“部编本”教材教读课文后的“积累拓展”在相当程度上承担了语言材料理解积累的功能。但在实际教学中，教师们仍感到不能满足学生实际需要，所以常以辅加“导学案”的方式加以补充。在教学资源网站上可以找到许多供教师使用的导学案，并且这部分导学案都关注到课文词语积累，但多数采用的设问形式是直接解释词语含义。类似：

三、解释下列词语在文中的含义。

沉寂：__________　诀别：__________　侍弄：__________

这种设问方式可以让学生明确词语的意义，但长期单一的设问不易激起学生学习的积极性和主动性。学生是学习的主体，为了更好地提高学生的学习兴趣，我们可以设计多种形式的关于词语积累的题型。

我们可以从词语和句子两方面入手，帮助学生实现语言材料的积累与运用。词语积累的首要环节是要明白词义，由于中国初中学生对中文词语已有一定的领悟能力，所以，我们可以要求学生用工具书找出某些特别难的词语或成语的准确意思。而对于一般难度的词语，即学生在阅读课文中可理解其意思的词语，我们可把题目设计目标侧重于应用。比如，在题目中出示课文的词语，让学生挑选其中的几个词语写一段话，这种串词写话句的方式既可落实对词语的运用，夯实学生的语文基础，又可锻炼学生联系的思维。

(4) 增设评论性题目。

评论性预习题主要就文章中的某个人物或某种现象设计题目，引导学生联系社会现实进行思考，写下自己的看法。母语学习与第二语言学习不同，母语学习与生活的联系更加密切。设计评论性预习题目，目的在于尊重学生的主体性，将语文学习生活化，并引发学生的自主思考。评价性思考题放在预习中，可让学生在暂时不受教师主导的情况下，抛开思想包袱，自主地评析人物、分析现象，或可起到激活学习思维的作用。

“部编本”初中语文教材让“预习”重出江湖，说明编写者充分认识到了“预习”在语文学习中的重要性，并在“部编本”教材里予以体现，这是很大的进步。但与此同时，还应实事求是，进一步完善语文教材的预习编制，以更好地服务于学生的语文学习。

三、随文学习，加强表达指导与训练

现行语文教材与其他学科教材的一个显著差异是：语文教材不是语文知识

的讲解形式，而是语文知识的运用形式，即语文教材不是由系统的语文知识排列构成的，而是以一篇篇独立的范文为教材的正文，再配以助读系统、练习系统和语文知识系统等组合而成的。利用教材来实现语文教学目标，其实就是以他人在一定情境中用来表达自己情意的书面语言成品为凭借进行教学，来达到培养和提高学生的语言能力的目标。

语文教材中的课文都是精心挑选的文质兼美、富有文化内涵和时代气息的具有典范性的书面语言成品，所以我们也称其为范文。“部编本”语文教材重视教材中范文的作用，体现出清晰的教学理念：随文学习，积累语文基础知识；以文学文，培养学生阅读和写作能力；依文学语，提高学生口语交际能力。这也是提高学生语文能力的不二法门。

1. 以文学文，培养学生阅读和写作能力

书面为文。以文学文，包含了两层意思：第一，指的是以范文的学习来提高学生的阅读能力；第二，指的是以范文的学习来指导学生的书面表达。

所谓阅读能力，概括地说，就是读者借助视觉器官，运用自己已有的知识经验，去了解文字符号所表达的内容，顺利而有效地完成阅读活动的能力。充分利用范文，向学生传授阅读知识和方法，帮助学生养成良好阅读习惯，并带动学生的课外阅读，提高学生的阅读水平，形成一定的阅读能力，是范文教学的最基本功能。在此不赘述。

结合范文的教学对学生进行写作知识和技能技巧的指导、训练，读写结合，是提高学生写作能力的有效途径。对此我们已经进行了大量的实践探索，积累了丰富的经验。领会编辑意图，使用“部编本”语文教材，我们需要在读写结合方面抓好三个环节：

(1) 引导学生反复诵读，积累语言材料。

“诵读”是最普通、最常用的传统语文教学的手法。对于一篇好文章，应引导学生反复诵读，读出韵味，读出意境，读出感情，使学生体会到“其言皆若出自吾之口”“其意皆若出自吾之心”。长期的诵读范文，一方面有助于形成良好语感，并在潜移默化中不自觉地形成学生自己的经验；另一方面有助于在头脑语言区积淀大量的语言材料，正所谓“读书破万卷，下笔如有神”。

“部编本”语文教材对学生提出了形式多样的阅读要求，尤其对学生的诵读、背诵，不仅在“单元导语”有建议，还在一些课文后面的“思考探究”“积累拓展”有明确的要求。“部编本”教材的这一导向是值得充分肯定的。

(2) 引导学生结合语境学习语言，提升写作思维。

语言学习的重点是感受语言、揣摩语言和品味语言。因此，以范文为载体进行的语言学习，应该给学生充分感受语言的时间和空间，让学生在感受中去积累，在积累中去领悟，在领悟之后去运用。为此，教师需要重视引导学生在一定的语境中理解感悟语言的魅力，体会文章的写作思路，领悟文章的表达方式，并引导学生透过语言文字的表层去体会语文的人文精神、理解语言文字中蕴涵的人文特征等。这既是对语言形式和写作技能技巧的理解积累，也是对学生思维的训练。

“部编本”语文教材在“思考探究”和“积累拓展”中都设置了结合课文的语境引导学生对语言进行咀嚼品味的题目，在教学中教师应重视落实。

（3）读写结合，一课一得。

以文学文，读写结合，还需要结合范文特点和学生的实际写作能力，选准学生可以学习借鉴的写作的“点”，帮助学生增长写作技能。对此尽管论者甚众，我们也都对读写结合、以读促写的有效性与合理性深信不疑，但在具体的教学实践中却未能取得理想效果。“‘以读促写’的写作指导之所以效率不理想，究其原因，教材中的‘以读促写’缺少系统的设计，没有给教学以有力的支撑，另外就是教师没有很好地抓住课文可以很好‘促写’的点。”① 为改变这一状况，“‘部编本’教材把写作教学分解成若干个专题，与阅读教学一起构成单元主体。写作专题一方面尽量与单元的阅读教学相配合，从读写结合的角度整合教学内容；另一方面也考虑写作自身的体系，使之能够成为一个相当自足的写作教学系统”“写作教学也更多强调‘一课一得’的理念，力求每一次写作课都能‘有所得’”②。以七年级为例，“部编本”教材每个单元安排1次作文专题，两个学期一共12次写作课，分别是热爱生活、热爱写作，学会记事，写人要抓住特点，思路要清晰，如何突出中心，发挥联想与想象，写出人物精神，学习抒情，抓住细节，怎样选材，文从字顺，语言简明。

每次单元写作都突出一点，给予方法，又照顾全盘。客观地说，和以往语文教材相比，“部编本”语文教材的写作有了一个自身的体系，在写作的落点上也较为清晰，比较方便教学实施。因而，在对“部编本”教材的试用和使用中，师生们普遍认为写作教材的编写取得了较大的进步。

2. 依文学语，提高学生口语交际能力

口头为语，依文学语，指的是通过范文的学习来规范提高学生的听说能力。

“由于书面语能克服口语在时空上的限制，书面语又是在口语的基础上经过提炼加工的语言，书面语的这一性能决定了它成了保存人类认识成果、传承

---

① 郑桂华.“读写结合”写作教学存在的问题与对策. 新作文，2014（7－8）.

② 王本华. 从八大关键词看“部编本”语文教材的编写理念. 课程教学研究，2017（5）：31－35.

人类文明，包括科技文化的主要方式和手段。在当代，书面语也已经成为一个人进行创造性思维的工具。”“一个人只有较好地掌握了书面语，他才能不断读书，接受高素质的教育，包括科技教育、文化教育、品德教育，才能用娴熟的书面语来表达自己的意见，也才能进行高效率的创造性思维。”① 书面语是在口语的基础上加以提炼、加工的一种语言表达形式，往往比口语表达更严谨、规范、简洁、流畅。语言是思维的外在表现，从这个意义上讲，依文学语，不仅能规范学生的口语表达，提高学生的口语交际能力，更重要的是还有助于提高学生的思维能力。

“部编本”语文教材没有“口语交际”教学的板块设计，“口语教学表面上比以往教材要少，实际上是分散了，在综合性学习中有安排，在阅读教学中也有所体现。比如有些习题就设计了课堂的讨论，也是口语表达的练习。‘部编本’语文教材的板块设置比以前清晰”②。没有了独立的“口语交际”教学板块，就更突显了依文学语的重要性。用好“部编本”语文教材，依文学语，主要体现在两个方面：

（1）结合范文教学对学生进行口语交际指导和训练。

运用一些具体的口语训练方式，如朗读和背诵、复述、答问、课堂讨论、课本剧表演等，培养学生良好的语感并提高其口语表达能力。

（2）从口语交际的角度进行范文教学。

结合阅读教学进行口语交际教学，目前我们更多地表现在一些具体的口语训练方式的运用上，如朗读和背诵、复述、答问、课堂讨论等，更多地停留在语感的培养或单向的口语表达能力的提高上。至于结合课文的内容，恰当地提炼口语交际的范例、引导学生领悟口语交际知识和技能技巧，尚未成为我们自觉的教学行为。而这恰恰是语文口语交际教学得以深化的一个重要途径。

从口语交际的角度进行范文教学，即在范文教学的过程中，找到与口语交际教学的最佳结合点，努力引导学生从口语交际的情境出发来认识理解文章的内容、人物形象和意境，在范文中品味口语交际的知识技巧，并随文向学生提供口语交际活动的规范，指导学生的口语交际实践活动。从口语交际的角度教学范文，对于调动学生的生活经验，激发学生的学习兴趣，丰富学生的思维和想象都不无裨益。例如，《孙权劝学》一文的教学，在文言知识的学习积累之后，我们以“现身说法——就这样说服你”为主题，从口语交际的角度对学生进行引导：

① 温儒敏. “部编本”语文教材的编写理念、特色与使用建议. 课程·教材·教法，2016（11）：3－11.

② 陆俭明. 作为第二语言教学的汉语教学　必须重视书面语教学. 对外汉语研究，2007（10）：109－113.

《孙权劝学》选自《资治通鉴》。吕蒙是三国时吴国的名将，作为一名武将，往往在学习上不太上心。于是有一次，孙权就劝吕蒙说："你现在当权管事了，不能不学习啊！"吕蒙对此不以为然，但孙权毕竟是君主，又不好当面拒绝，于是吕蒙用军中事务繁多没有时间为理由推辞。孙权看穿了吕蒙的心思，进一步劝说道："我难道想要你研究经书成为博士吗？你只不过应当博览群书，了解以往的事情罢了。"这是告诉吕蒙学习的目的和意义，并且要求不高，你很容易做到的。接着驳斥了吕蒙的托词："你说你事务多，哪比得上我事务多呢？"最后以自身读书大有收益的经历再次劝勉吕蒙："我经常读书，自己认为大有益处。"孙权的一番话语言辞诚恳，既动之以情，又晓之以理，更以身示范。吕蒙被说服了，于是开始读书学习。

现身说法，就是把自己摆进去，用自己的类似经历说服别人，能使别人产生一种亲切感，常常比口若悬河地讲述许多大道理有效得多。

同时需要提醒大家的是，运用"现身说法"时要注意两点：

1. 述说的个人经历，必须要与劝说对象目前所面临的问题有相同、类似或相近之处，这样才能使二者具有类比性，前者领悟出来的道理对后者才有意义。否则，对方会认为你所说的事情以及所概括出来的道理与他没什么关系，那就起不到说服的作用了。

2. "现身说法"的目的是警醒、勉励和激发对方，因而说话的语气要亲切自然，让对方产生心灵的共振，愉快地接受你的规劝。特别是在以自身经历正面激励对方时，切不可大谈特谈自己的"光辉岁月"，给人一种王婆卖瓜——自卖自夸的感觉，这样只会引起对方的厌恶。①

孙绍振在谈到口头交际研究问题时曾说过：不要指望有一种理论会解决一切问题，问题的解答就在作品中。② 从口语交际的角度进行课文解读，挖掘阅读教材中的口语交际资源，在阅读教学中进行有目的的口语要素分析，向学生提供口语交际的案例，是提高学生口语交际能力的有效途径之一。

3. 对教材编写的意见和建议

在研究中学生的语文状况时我们发现，对于母语学习而言，学生真正的语文压力不在于阅读，而在于表达，而且从小学到中学，随着学生学习年级的升高，教授阅读的价值在下降，教授表达的价值却在升高。然而，直至当前，我们仍对中学生语文学习中的表达重视不够。换言之，我们的教材编写和教学过程对学生语文表达的指导和训练都有待加强。

---

① 刘成兵. 现身说法——就这样说服你. 广东教学，2011（1）.

② 孙绍振. 直谏中学语文教学. 广州：南方日报出版社，2003.

（1）加强训练，写作日常化。

“纸上得来终觉浅，绝知此事要躬行。”读写结合，从他人言语表达的成品中获得的写作知识，想要转化为写作能力，必须要靠亲自实践、扎实训练。

初中作文训练，若仅按“部编本”教材的编写来安排学生的写作，一个学期六次写作，一个学年共 12 次写作，从写作训练的量来说是远远不够的。为培养学生的写作兴趣和习惯，提高学生的写作水平，我们主张读写结合，加强训练，让学生的写作日常化。

所谓“写作日常化”，指的是将写作的任务分解到日常的语文学习过程中，尤其是与阅读教学结合，一课一练，一练一得，得得相连。

会读的、会说的不一定会写，这表明阅读、说话与写作是很不相同的智力活动。就写作而言，语感指语言转换的心理机制成熟程度。无数熟练“写手”的经验告诉我们“熟能生巧”。写作日常化，就是要让学生不断写作，养成写作的习惯，培养写作的思维，以此提高学生的写作能力。

写作日常化，并不是说让学生每课都写完整的“大作文”，而是在阅读教学的过程中，结合范文特点和学生的实际写作能力，选择适合的写作训练点，让学生进行片断的或者单项的“微写作”。写作日常化，也不是要用微写作替代一个单元一次的整篇写作（单元专题写作），而应是微型写作与单元的专题写作相结合，让写作更多样化。

写作日常化，需要我们进一步开发“微写作”内容，形成一个科学合理的写作序列，纳入语文教材，或可使之成为课后“思考探究”或“积累拓展”的组成部分。

（2）以策略为目标，写作教学系列化。

新加坡中学华文新教材的写作内容编写有一个鲜明的特点，就是以写作方法、技能来设计写作训练点，把重心放在写作技能和策略性知识上，并形成写作指导与训练的系列。关于新加坡中学华文新教材写作内容的特点，可参见《〈中学华文〉写作教材特色研究》。

“部编本”语文教材的单元专题写作与人教版有相似之处，还是更偏重于“讲道理”。关于这一点，大家不妨细读“部编本”语文教材的写作内容，在此不列举了。这也就不难理解为什么我们会看到不少老师也热衷于讲写作道理了。

（3）注重运用，加强口语交际指导。

“部编本”语文教材没有“口语交际”教学的板块设计，而是将口语教学的活动因素分散在综合性学习和阅读教学中。尽管有的阅读习题设计了课堂讨论、综合性学习，强调了分享交流，甚至还在“综合性学习评价表”中列出了听说活动的评价指标，但整体来说，却几乎没有针对口语交际活动的指导内容。

所以，教学过程中要引导学生随文学习口语交际，只能是教师们八仙过海，各显神通了。然而太过随意，恐将导致口语交际教学在语文教学中被放逐。

新加坡中学华文新教材从结构上看：首先在单元教学目标里面明确地列出了听说教学目标；其次，《中学华文（快捷）》在讲读课文的练习里设有“技能学堂——说话（聆听）”，《中学华文（高级）》的“研讨与练习”设有“听说天地”，都是专门针对单元的听说学习目标而进行的听说技能的简要指导和训练，并都配有数码教材；最后在“我学得怎样?”（“单元自我评价”）中有针对听说活动的评价指标。关于新加坡中学华文新教材听说内容的设计编制，可以参看本书第三章、第四章的相关内容。

新加坡中学华文新教材的可取之处是：从表达指导和训练立意，由阅读导入，先阅读再进行写作和听说活动，注重学生的语言运用训练，以达到“乐学善用”的目标。

结　语

客观地说，“部编本”双线组元的总体设计，利于发挥学科优势，渗透“立德树人”核心价值观，强化语文学习的综合性和实践性，对于语文教材过于偏重人文教育，耽于说教的弊病能起到一定的纠偏作用。阅读教学构建了“三位一体”体系，第一次把课外阅读纳入教材体制，有助于推动学生扩大阅读量和阅读视野，提高自主阅读能力。“部编本”语文教材还在重建语文知识体系、多层次构建助学系统、兼顾读写结合与写作自身体系构建写作教学系统等方面做出了努力。因而“部编本”语文教材受到师生的普遍认可。

但就目前的“部编本”语文教材而言，仍需在突显语文综合性和实践性方面继续努力，并且梳理出一整套语文（程序性）知识，精选出必需的教学点，用以引领与指导学生的语言表达实践，减少语言知识的系统性和文选体制的无序性的矛盾，以改变由此而形成的语文教学内容的主观随意性状况，进一步完善语文阅读内容的定向、作文教学的序列、教学过程评价的落实。

语文教材建设是一个浩繁的系统工程，每一种教材都难以尽善尽美，它需要反复论证和实验，也因为如此，才需要每一个语文人的共同努力、齐力推动。本章从比较的视角审视“部编本”语文教材，提出了我们的一些看法认识，希望能对进一步完善我们的教材、对广大一线教师使用好“部编本”语文教材起到抛砖引玉的作用。

附录　《中学华文》写作教材特色研究①

新加坡《中学华文课程标准2011》制定了各语言技能在中学华文各课程中的应占比例（见表2－1），其中快捷中学华文的听说、阅读、写作技能应占的比例分别是35%、30%、35%；高级中学华文的听说、阅读、写作技能应占的比例分别是25%、30%、45%。新加坡《中学华文》的编写在各项技能训练的编排上体现了课程标准的安排要求。研究新加坡《中学华文》，发现写作内容的编排很有特点：针对写作提出的规范和要求比较细小、具体；将学习者的思维直接引向如何学习和使用教材上，具有很强的针对性、可行性和可操作性。

1．精选训练点，形成序列

写作技能有多种，要实现作文教学的科学有效，要根据学生的认知心理和学生的实际能力，认真筛选能够对学生的写作有明显影响的知识点，由浅入深、由易到难，对构成写作能力的基本要素进行教学。

新加坡中学华文新教材最大的特色就是作文的训练点很“小”。比如《中学华文（快捷）》二年级七个单元的训练点分别是：以顺叙法写记叙文及在记叙中加入抒情；抓住景物的特点，按顺序描写景物；以倒叙法写记叙文；运用语言描写；运用举例子说明方法；运用借景抒情的写作手法；运用首尾呼应的写作手法。与《中学华文（快捷）》相比，《中学华文（高级）》的写作要求相对高些：能运用倒叙法写记叙文，能做到详略得当；能运用插叙法写记叙文，能选择典型材料；能按照顺序进行景物描写；能运用语言描写刻画人物性格，能运用反问的修辞手法；能运用并列结构进行写作，能用作比较的方法写简单的说明文；能运用举例论证法进行写作；能根据文章的情节发展进行续写。写作教学选点“小”才能挖掘“深”，才能利于教学，真正促进写作技能的提升。

作文教学点的编排从文体间序列来说，是从记叙文到说明文最后到议论文。从文体内部序列来说，记叙文要求逐步掌握五官感知描写，比喻、拟人、反问等修辞手法；顺序、倒叙、插叙的写作顺序；人物的语言和心理描写；写

① 原文发表于《中学语文教学》，2016年第6期。作者刘文军，经作者同意，著者有修改。

景抒情、首尾呼应、夹叙夹议等写作手法。说明文写作要求逐步掌握运用举例子、列数字、作比较三种最重要的说明方法写简单的说明文。议论文写作要求逐步掌握运用举例论证、引用论证、对比论证的方法创作议论文。这些训练点从易到难、从点到面，难度呈螺旋式上升并形成系列化。

2. 精编选文，服务写作

现代心理学研究结果表明，规则通过例子而习得。对写作规则而言，其例子就是作者运用该写作规则写出的一篇篇文章，简称“例文”①。《中学华文》教材在选文和写作技能训练的联系上费尽心思。编者有意围绕本单元要教的写作技能，选编运用了该技能的美文作为学生学习的范本。例如《中学华文（快捷）》一上第三单元的写作要求是“能调动五官感知来进行描写”，编者选用了《这样的哥哥》，文章第16段写到了“我”的几种感觉体验，就是给学生的很好的例子：

（1）来到海边，一下车，我们就闻到了大海的味道。（通过“我”的嗅觉感知，表现出海边的特点）

（2）小男孩这时兴奋地对一脸喜悦的弟弟叫着：“看！这就是大海！你一直想看的大海！”（通过“我”的听觉感知，感受到小男孩此时的兴奋）

（3）他小心谨慎地扶着弟弟在沙滩上踏着海浪，慢慢地前行（通过“我”的视觉感知，进行行动描写，表现了小男孩对弟弟的关爱）

（4）我也像他们一样，把鞋子脱掉，踩在柔软的沙滩上，感受着海水带来的凉爽（通过触觉感知，体现出“我”此刻放松的心情），也感受着他们之间那浓浓的手足情。②

这样的编排让阅读课文和写作要求既相互独立，又相互关联，两者有机结合在一起。写作知识虽然不是统帅整个单元的阅读教学，但写作的知识要点又是从阅读课文的某个点引出的，写作的例子也可以从课文引出，起到以读带写、读写结合的。人民教育出版社课程教材研究开发中心的顾振彪认为：“写作与阅读结合，一是有助于培养学生的阅读能力。学生联系课文进行写作，就是在应用中加深对课文的理解，通过应用把课文内化为自己的知识和能力。二是提高写作能力。以课文为写作材料，省去搜集材料之苦，可以直接投入写作

① 孙绍振．直谏中学语文教学．广州：南方日报出版社，2003．
② 何更生．作文教学心理学．北京：中国科学文化出版社，2003：8．

训练，尤其利于培养逻辑思维能力。”①

3．与时俱进，训练学生能力

华文教材的写作训练令人耳目一新的地方是：应用文体的选择与时俱进，非常实用，有信件、电子邮件、阅读报告、博客等。这些训练着眼于学生的生活实际与终生学习，其目标是让学生“乐学、擅用”。下面我们来大致看看电子邮件、博客的写作训练的编制。

《中学华文（快捷）》和《中学华文（高级）》同在一下第六单元编制了电子邮件写作训练的内容，但《中学华文（快捷）》没有编制博客的写作训练，只有《中学华文（高级）》在三下第五单元编制有博客写作训练的内容。

电子邮件的写作突出“我们在写电子邮件时应该注意内容和格式的完整性”。教材中配以内容和形式（以图文并茂的形式）完整的电子邮件对其写作要件点进行解说，之后再设置情境让学生练习电子邮件的写作。

关于博客的写作，教材先说明“博客是以网络为载体，分享经历，发表议论，与他人进行交流的一种形式；写博客时应该注意内容和格式的完整性”。然后，以一事一议的博文为例，对博客写作的格式进行展示和说明。接着，提出“在写博客时，要具备一定的网络素养：博客属于公开言论，要对自己的言论负责；遣词用字要得当，要顾及他人感受”。最后，设置情境让学生“练一练”。

有关电子邮件、博客的写作目前尚未编入我们的语文教材。在语文教学过程中是否对学生进行相关的写作引导和训练、进行哪些方面的指导，全部取决于教师。其实，电子邮件、博客等新“文体”是自媒体时代人们生活、交流的基本方式，每个人尤其是中学生都应该掌握电子邮件、博客写作的基本内容和要求。在我们的生活中，有相当一部分人错误地以为，社交平台如博客、微博、微信、QQ，就是表达自我的天地，过分强调“我喜欢”“我愿意”。新加坡中学华文教材中所提出的网络素养为：“公开言论，要对自己的言论负责；遣词用字要得当，要顾及他人感受。”这也是自媒体时代中学生不可缺失的基本公民素养，理应引起我们教育工作者尤其是语文教育工作者的重视。期待中国语文教材对应用文体的选择和编制能够着眼于学生的运用实际，能够与时俱进。

4．巧设练习题，达成目标

训练点的设计与安排很重要，如何围绕这些训练点，设计步骤明晰的高水

---

① 新加坡教育部课程规划与发展司．中学华文（快捷）．新加坡：名创教育出版社，2012：64－69.

平练习更需独具匠心，这是使学生从知识内化为能力的关键。中国语文教育家章熊认为："把语文知识转化为教学程序，关键的一环是练习设计。练习设计是一门教学艺术，蜜成花不见，设计者丰富的理性认识往往在衍化为操作程序的过程中隐退了，它更贴近实践，体现着设计者的巧思，注意分寸，所以能诱发学生的兴趣。厚积薄发是语文教学的准则，也是练习设计的准则。"①

新加坡中学华文教材指向写作的练习编制有以下亮点：

（1）步骤具体，操作性强。

在学习运用"语言描写"这一写作技巧时，《中学华文（快捷）》二上第四单元的导读课《领路人》课后的"技能学堂——写作"针对写作学习重点提供例子，进行解说："写记叙文时，我们可以运用语言描写来表现人物的身份、性格、思想感情和内心世界。"例如课文中的盲童是一个刚刚上学的小孩子，他问路的时候得不到帮助，因此变得有些胆怯，有些失望。作者通过他的三次问话表现了他的身份与心理活动。

第一次问"叔叔，请问去盲人学校怎么走?"表现了盲童的"无助、弱小"，路人回答"不知道。"表现了这个路人"不想伸出援手，冷漠，缺乏爱心"的品质特点；第二次问"阿姨，您能告诉我去盲人学校怎么走吗?"表现了盲童"越来越胆怯"的心理，路人回答"没听说过。"表现了这个路人"拒人于千里之外，没有耐心"的性格特点；第三次自言自语轻声问"你知道去盲人学校怎么走吗?"表现了盲童"近乎绝望"的内心世界。

这一板块以本单元的选文作为实例，为学生形成语言描写方面的写作能力提供了"脚手架"，也为教师展开具有确定性的写作教学提供了依据。

编者还进一步通过"小任务"进行巩固练习。文章提供了一篇并不完整的小短文，要求"阅读短文，在结尾处加入一段'我'和父亲的对话，表现出'我'的歉意"。最后在"综合任务"板块的"牛刀小试"中，要求学生以"他的孝心感动了我们"为题写一篇作文，文中应加入语言描写，即学生要运用所学过的写作技能进行写作练习。其编排充分体现了技能经学习而形成，练习是技能形成的基本途径这一理念，对学生写作能力提升大有裨益。

纵观《中学华文》有关写作部分的编写，其思路可以归纳为"写作技能知识呈现——写作技能的微观练习——围绕写作技能的整合练习"，三个板块实现三个知识层次，逐渐由低级走向高级，形成一种合理梯度。这种凸显写作技能的习题编写思路是国内作文教材非常缺乏的，值得我们学习与借鉴。

（2）以技能为目标，渗透写作策略。

新加坡的华文写作训练重视对写作过程中每一个阶段能力的培养，学生在

① 章熊．思索·探索——章熊语文教育论集．北京：人民教育出版社，2003：8.

一系列紧密、连贯的操作步骤中，在步步相随的活动中逐步形成习惯化、定型化的技能，并逐渐潜移默化到认知结构中。但它又不同于模式化的工艺流程式的技能训练，因为它在系统的写作流程中还辅以理性指导，更为重要的是重视写作策略的指导。

《中学华文（快捷）》四下第四单元“寓言的世界”，在导读课《兔岛上的狼》课后“技能学堂——写作”的写作任务是“能创作简单的寓言故事”：

首先，提供写作策略。在“技能学堂——写作”中，编者提供给学生创作寓言的策略是“1. 确定所要表达的寓意。寓意是语言创作的灵魂，在创作寓言故事时，我们应该先确定要讲的道理。2. 用简单的故事表达寓意，故事情节必须简单，让人可以从中悟出所讲的道理。当故事的主角是动物或植物时，应让它们保留本性。”并以创作《兔岛上的狼》的构思为例来进一步地说明。

其次，分步骤进行写作训练。先在“小任务”中，要求学生根据所提供的漫画和寓意，拟出寓言故事的内容重点；然后，“综合任务”中，一方面让学习者“温故知新”，阅读理解寓言《北风和太阳》（改写自《伊索寓言》）的内容和寓意；另一方面根据所提供的题目（“花与根”）和寓意（“取得成功后，不应该忘记曾经默默支持你的人”），拟写出寓言故事的内容重点；最后，“牛刀小试”，让学习者“根据综合任务中所拟出的内容重点，写一个寓言故事”。

最后，辅以写后反思。新加坡中学华文教材每一单元的最后都有一个“我学得怎么样？”栏目，让学生在完成一个单元的学习后进行自我反思。其实就是引导学生回顾写作过程，从结构、逻辑、文面和措辞等各个方面对文章进行审视，这也是写作的一种策略。只有通过反思，个体才能更清楚地认识自我的行为，从而获得自我感和价值感。缺少写作主体的反思行为，学生就很难把自己写作的知识、经验和感知转化为能力，整合为自动高效的写作行为。以技能为目标，渗透写作策略的做法能够让学生举一反三，在写作过程中学会用策略知识去解决实际问题。

这些对写作步骤有效、具体的指导，让学习者的潜能得以唤醒、开掘与提升，更注重了对学习者随即呈现的信息进行必要的整理与调控，对学习者建构自己认识过程的学习方法予以了规范。

总之，精心设计练习，可以使学生花更少的时间，做更少的练习，却收到更好的学习效果，形成更稳固的技能，促进学生形成更为有效的迁移。

新加坡中学华文的作文教材的特色值得中国作文教材建设很好地学习借鉴：以写作方法来设计训练点，把重心放在写作技能和策略性知识上；作文训练系列要相对稳定，训练点应追求科学、连贯、均匀、相对完整，要有灵活性，更要有规定性，反对随意跳跃、随意重复和简单组合；还要有规范的训练项目和系统的训练过程，一本成熟有效的作文教材，必须有规范的训练项目和系统的训练过程。

参考文献

[1] 陈之权. 小题大做——新加坡华文课程与教学论文集. 南京：南京大学出版社，2011.

[2] 陈志锐. 新加坡华文及文学教学. 杭州：浙江大学出版社，2011.

[3] 陈汉聪. 学生自我评估法及其在课堂教学中的运用. 当代教育科学，2004（12）.

[4] 董蓓霏. 新加坡华文课程改革. 现代教学，2007（9）.

[5] 董蓓霏. 聚焦 2007 年新加坡华文课程标准. 小学语文教学，2007（7）.

[6] 董蓓霏. 新加坡中学语文教科书一瞥（上）. 语文教学通讯，2008（02）.

[7] 董蓓霏. 新加坡中学语文教科书一瞥（下）. 语文教学通讯，2008（03）.

[8] 顾明远. 中国比较教育中的名与实. 外国教育资料，1992（1）.

[9] 高振忠. 发展性语文学习评价初探. 济南：山东师范大学，2003.

[10] 何更生. 作文教学心理学. 北京：中国科学文化出版社，2003.

[11] 胡维娜. 新加坡中小学华文课程标准及教材研究. 济南：山东大学，2012.

[12] 胡乐乐. 新加坡将于2008 年废除小学分流制以推进因材施教. 基础教育参考，2006（12）.

[13] 黄淑琴. 强化程序性知识，指导学生语文实践——新加坡中学华文新教材的启示. 湖南第一师范学院学报，2015（2）.

[14] 韩雪屏. 审理我国百年语文课程的语用知识. 课程·教材·教法，2010（10）.

[15] 靳玉乐. 中国基础教育新课程的创新与教育观念转变. 西南师范大学学报，2002（1）.

[16] 柳市镇，洪宗礼. 中外母语教材比较研究论集. 南京：江苏教育出版社，2001.

[17] 李光耀. 李光耀回忆录　我一生的挑战：新加坡双语之路. 南京：译林出版社，2013.

[18] 刘振平．新加坡华文教学研究．南京：南京大学出版社，2014.

[19] 刘成兵．现身说法——就这样说服你．广东教学，2011（1）.

[20] 刘真福．部编《语文》七上第一单元编写说明及教学建议．语文教学通讯（初中刊），2016（9）.

[21] 刘德斌．初中作文教材编写的创新与发展（上）．语文教学通讯，2004（9）.

[22] 李多菲．语文预习研究．哈尔滨：哈尔滨师范大学，2012.

[23] 李泉．近20年对外汉语教材编写和研究的基本情况述评．语言文字应用，2002（3）.

[24] 李海榕．新加坡中学华文教材板块设计及启示．课程教育研究，2015（12）.

[25] 陆俭明．作为第二语言教学的汉语教学　必须重视书面语教学．对外汉语研究，2007（10）.

[26] 龙敏君．新加坡的语文教育政策．中华读书报，2014－04－02.

[27] 倪文锦，欧阳汝颖．语文教育展望．上海：华东师范大学出版社，2002.

[28] 彭俊．华文教育研究．广州：暨南大学出版社，2009.

[29] 孙绍振．直谏中学语文教学．广州：南方日报出版社，2003.

[30] 沈妍．新加坡《华文课程标准》的特点与启示．现代教学，2011（3）.

[31] 王兵．新加坡《中学华文课程标准2011》解读——兼与2002年课程标准比较．云南师范大学学报（对外汉语教学与研究版），2013（5）.

[32] 王珏琪．新加坡将推出新华文课程　着重培养实际运用能力．中国新闻网，2010－7－12.

[33] 王荣生．语文教学内容的确定性及其面临的问题．语文学习，2009（9）.

[34] 王本华．从八大关键词看“部编本”语文教材的编写理念．课程教学研究，2017（5）.

[35] 王晓静．预习题，让语文学习更高效——新加坡中学华文新教材预习题带给我们的思考．语文教学与通讯，2016（09）.

[36] 王晓静．强化预习，培养自主学习能力．课程教学研究，2017（2）.

[37] 魏本亚，尹逊才．十位名师教《老王》．上海：上海教育出版社，2014.

[38] 温儒敏．“部编本”语文教材的编写理念、特色与使用建议．课

程·教材·教法，2016（11）.

［39］新加坡教育部课程规划与发展司．中学华文课程标准．新加坡教育部，2002.

［40］新加坡教育部课程规划与发展司．中学华文课程标准 2011．新加坡教育部，2010.

［41］新加坡教育部课程规划与发展司．中学华文（快捷）．新加坡：名创教育出版社，2012—2014.

［42］新加坡教育部课程规划与发展司．中学华文（高级）二上．新加坡：名创教育出版社，2012—2014.

［43］课程教材研究所中学语文课程教材研究开发中心．语文（七上）．北京：人民教育出版社，2004.

［44］叶圣陶．叶圣陶语文教育论集．北京：教育科学出版社，2015.

［45］阎立钦．语文教育学引论．北京：高等教育出版社，1996.

［46］章熊．思索·探索——章熊语文教育论集．北京：人民教育出版社，2003.

［47］郑玉财．我国义务教育初中语文实验教材与新加坡中学华文教材比较研究．辽宁教育研究，2003（10）.

［48］郑桂华．“读写结合”写作教学存在的问题与对策．新作文，2014（7-8）.

［49］周正逵．语文教育改革纵横谈．北京：教育科学出版社，2013.

［50］钟峰华．高中语文新课标教科书相同文本不同设计的比较——以《雷雨》为例．语文建设，2006（1）.

［51］中华人民共和国教育部．全日制义务教育语文课程标准（实验稿）．北京：北京师范大学出版社，2001.

［52］中华人民共和国教育部．义务教育语文课程标准（2011 年版）．北京：北京师范大学出版社，2012.

后 记

这是一本被“逼”出来的书。

从开始关注新加坡华文课程，到申报广东省普通高校“创新强校工程”项目，再到与暨南大学出版社签订出版合同，最后编撰成书，一步步都是被“逼”着走过来的。

2013 年 6 月某日，广东省教育研究院的教研员冯善亮老师打来电话，邀请我加入“广东特色课程教材体系研究项目”课题组，并将新加坡华文课程研究的任务交给我。没有了“功利需求”，无论是对参加课题组，还是对分配的研究任务，我心里都是抗拒的，但冯老师硬是“逼”我接下了任务。不得已，只好让在新加坡学习工作的儿子购买新加坡华文教材，并让儿子在新加坡搜集可能搜集到的各种资料。当我开始阅读新加坡华文课程标准和中学华文教材等相关资料时，我仿佛看到了一个新鲜的世界，于是为自己接下课题任务而感到庆幸。当年年底我提前完成了任务，向课题组提交了近 2 万字的研究报告，公开发表了相关论文两篇。

2014 年 4 月初，我的领导广东第二师范学院中文系主任陈涵平教授，打电话提议我申报“创新强校工程”课题，顾虑到自己有动辄失眠的毛病，我“谦虚”客气地回绝了。但没有想到的是，事过两天陈教授再次打来电话“逼”我申报课题。在这种情况下，我才想到可对之前浅尝辄止的新加坡华文课程研究做进一步的深化细化。后来，课题项目申报书初稿写出来，陈教授对我的课题名称、立意等提出了宝贵意见和建议。2015 年 1 月，申报的课题《基于我国基础教育语文课程改革的新加坡中学华文新课程研究》获得“广东省普通高校特色创新类重大项目（人文社科）”立项（项目编号：2014WTSCX101）。

原以为有一定的前期成果作为基础，将课题研究继续深入细致地进行下去不是件难事。岂料，再重新阅读新加坡华文课程的资料，我竟产生了“审美疲劳”，无法进入研究状态！直至课题组主要成员深圳市宝安区教育科学研究院的倪岗老师，不仅找来新加坡中学的华文老师为课题研究提供参谋和咨询，还告诉我：宝安区有几个初中语文教师对课题有兴趣，想要一起参加研究。就这样我被“逼”着不得不打起精神重新开始，这时已是 2015 年 9 月中旬了！考虑到研究力量壮大了，我头脑一热，9 月下旬居然在课题研究的“预期成果”之外，与暨南大学出版社签下了出版合同。压力当前，研究渐入境界，论文做出来了。且从 2015 年 12 月到 2016 年 6 月，深圳市宝安区海旺学校的李海榕老师、沙井中学的张玉蓉老师、宝安中学的李平老师、新湖学校的刘文军老师、宝安实验学校初中部的王晓静老师也先后公开发表了课题研究的论文。项目的任务指标完成了，于是着手写结题报告，同时酝酿书稿，似乎一切都很顺利。

但是，问题却来了：2016 年 7 月底得知“部编本”教材出版发行，并于 9 月份以一年级、七年级为起始年级开始使用。当我急不可待地从广州购书中心买来“部编本”初中语文教材阅读时，真的傻了！我们的研究，从课题立意出发，有大量的篇幅是新加坡中学华文教材与人教版初中语文教材的比较研究，换用“部编本”教材是否意味着我们研究的相当一部分内容已经没有了意义和价值？教材的比较研究是否应该与“部编本”教材俱进，另起炉灶重新开始？一而再，再而衰，三而竭呀——自己给自己找了个台阶：结个题就算了，书就不出了呗。

2017 年 1 月底，《课程教学研究》编辑部王际兵老师因“‘部编本’语文教材专辑”向我约稿。我委婉地推辞了，但人家电话又“逼”来了！于是，认真细读教材、领会新教材培训资料、查看教材主编和编辑文章……以比较的眼光看“部编本”教材，自觉有了与他人不同的认识，因此表达的愿望由内而外地产生了。王老师的约稿如期提交了，我的写作也断断续续地进行：一方面对已经完成的新加坡华文教材与人教版教材的比较进行调整，使之对我们认识语文教材包括“部编本”教材和语文教学仍具有意义和价值；另一方面针对“部编本”教材的变化，集中几点进行探讨性研究。

从 2014 年 4 月至今，其间我内心的挣扎只有自己知道。此刻，写着“后记”的文字，也就意味着，一切挣扎都将成为过去，内心对所有“逼”过我的人只有两个字：感激！

首先，感激冯善亮老师、倪岗老师、陈涵平教授、王际兵老师，正是有了他们这样的好友，才让我不敢太过懈怠。需特别一提的是深圳的胡立根老师和茹清平老师，他们对课题研究提出了很好的意见和建议，这是对我最大的支持和帮助。

其次，感激宝安区的李海榕老师、张玉蓉老师、李平老师、刘文军老师、王晓静老师，他们的积极参与和辛勤付出，大大提升了我们课题研究成果的深度和厚度。

还要感谢我的学生——2011 级中文本四 A 班的麦婷、刘紫乔和 2013 级中文本四 B 班的林艳，是这三位同学帮助我完成了对新加坡华文课程材料的整理。共同的工作使我们教学相长、师生情深。

最后，要感谢暨南大学出版社的古碧卡老师，是古老师的耐心等待、温馨鼓励给了我有力支持和信心。

现在，书稿即将提交，内心除了对同行、同事、学生和编辑的感激，更多的还是忐忑，担心拙作过于粗陋，有负大家的期待。

黄淑琴
2017 年 10 月 30 日